子どもファースト

未来に生きる子どもとともに
大人も伸びよう

高阪俊造

TAKASAKA Shunzo

文芸社

はじめに

私は教師として今までにたくさんの子どもたちと接してきて、常々思うことがありました。それは当たり前のことですが、「子どもが生きていくうえで、なんと言っても親の存在ほど大きいものはない」ということです。良いにつけても悪しきにつけても、子どもは小さいときから、いや、小さいときにこそ親のやることを見ながら、言うことを聞きながら、真似をして育っていきます。子どもにとって親というものは人生の最大のお手本なのです。

そんな存在の親だからといって、子どもに何も「いい恰好」をして見せなくてもいいのです。不器用な生き方でもいい、必死に、そして一途に生きる後ろ姿を見せてやってほしいと思います。それを見て育った子どもはきっと自分の人生のいずれかの時点で「うちの親ってすごかったなぁ」と思うときがあるはずです。きっとそうです。そういうふうに思われる親という存在は素敵です。

それとともに子どもの生き方に大きく影響する存在がもう一つあります。それは教師という存在です。基本、子どもは少々嫌なことがあっても学校が好きなのです。友だちとも会いたいし、先生とも会いたいのです。

そんな学校で主役のはずの子どもたちの中に「不登校」で学校に行きたがらない子が増えています。それはなぜでしょうか。家庭内の問題もあるかもしれませんが、友だちとの関係がよくなかったり、いじめられたり、学校で居場所がなかったりとさまざまな要因があると思います。

しかし、そんな子どものつらい気持ち、暗い心の部分に気づけるのは「先生」、そう教師という存在だと思うのです。だから子どもにとって教師という存在は大きいのです。そんな教師が子どもと深く関わって子どもの信頼を得ると、子どもが大きくなってもその教師のことをきっと「あの先生はこうだったなぁ」と思い浮かべると思います。


ところで、この情報化の進んだ時代、情報や知識を得て学力を伸ばすだけなら、パソコンなどの機器に向かうだけで成り立たないわけではありません。その方が効率よく学習できることもあります。確かに、今の子どもたちにはそのような知識や操作力を身につけることが重要と言われていますが、それ以外の力も必要なのではないでしょうか。それは「コミュニケーション力」という人と人との結びつきを大事にする力です。それこそが集団の中でもまれながら「個」の力が育つものだと思います。そして、そこにこそ教師の「人」としての存在価値があるように思います。そのような存在になってこそ教師の存在が子どもの生き方に大きく影響すると言えるのです。

子どもがこれから成長していく上で人と人との結びつきを意識することはとても重要だと思います。それは、この世の中、どんなに科学技術が進歩し、ＩＴ社会になろうとも、人を活かす社会であらなければならないからです。

その中で「親」と「教師」は育つ子どもの両輪ではないかと思います。いや、そうならなければいけないのだと思います。親の存在、教師の存在が子どもの未来に大きな影響を与えてくれるようになってほしいのです。

ですから親や教師など大人も安閑としている場合ではありません。子どもの成長とともに親として、教師として、そして大人として成長し続けてほしいと思っています。私は皆さんがそんな子どもを中心にした「子どもファースト」の意識を持って本書を読み進めてみていただければありがたいと願っています。

子どもファースト ■目次

第一章 教師・親・大人たちが子どものためにすべきこと

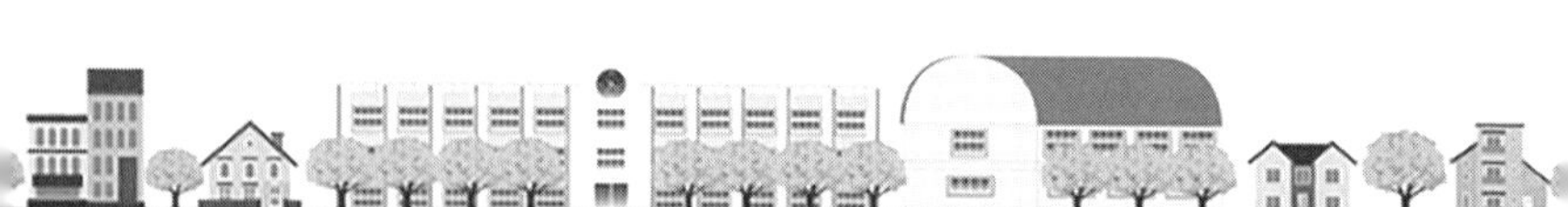

第二章　子どもたちの学力を高めるための工夫を

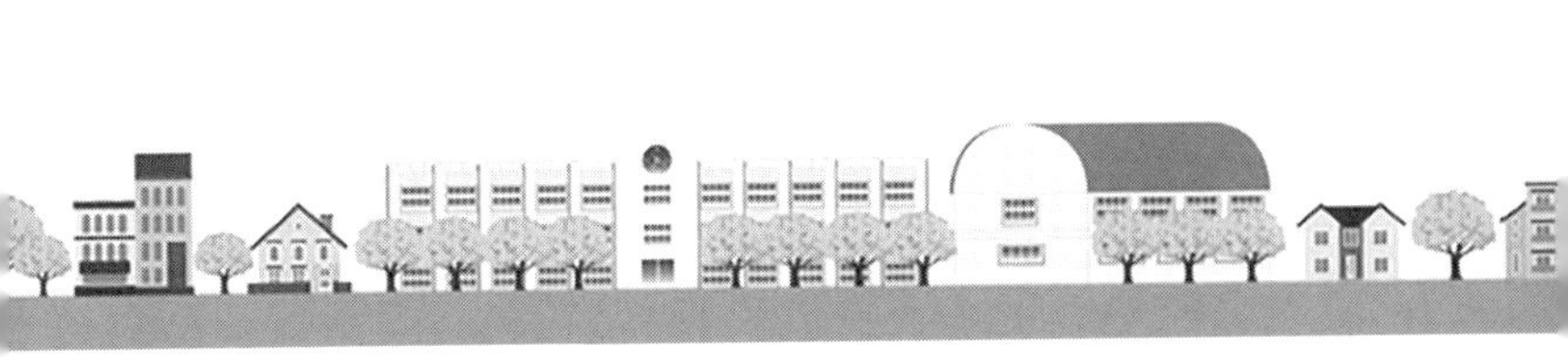

第三章　子どもたちにとってよい教師になるために

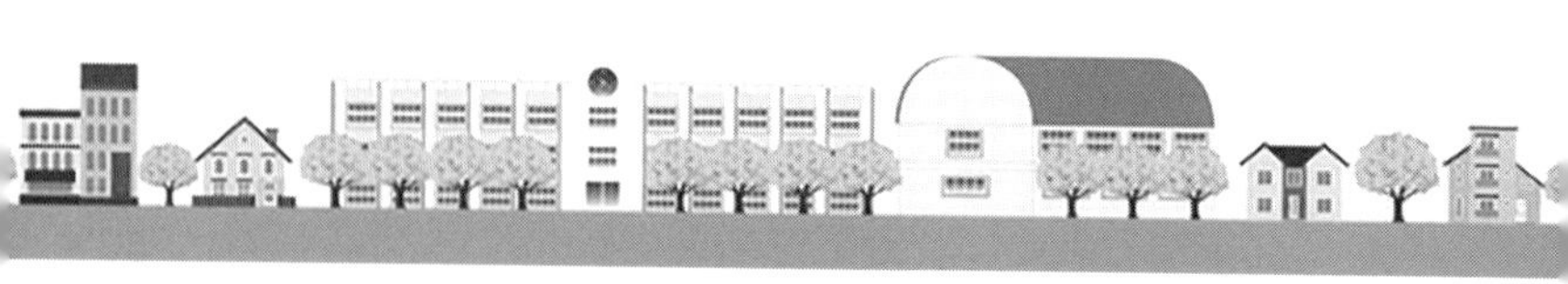

第四章　いじめ問題と学級づくりを考える

第五章　親・教師は子どもの生活習慣の手本

第六章　学校を組織的に動かす

第七章　〝食べること〟を通して子どもたちを育てる

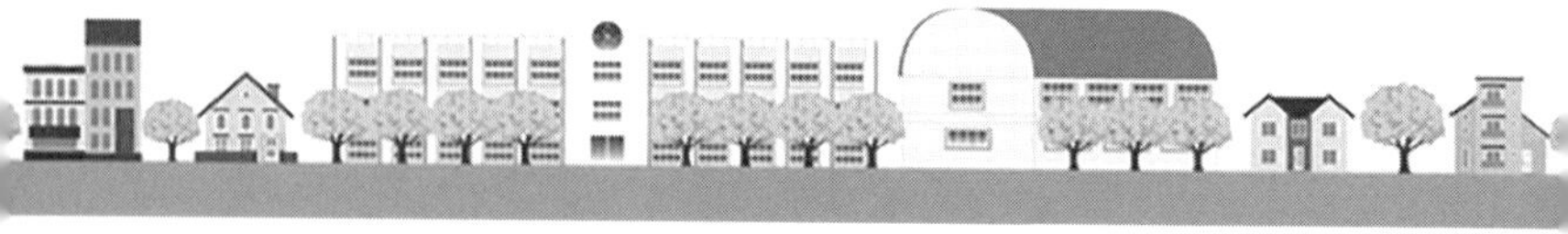

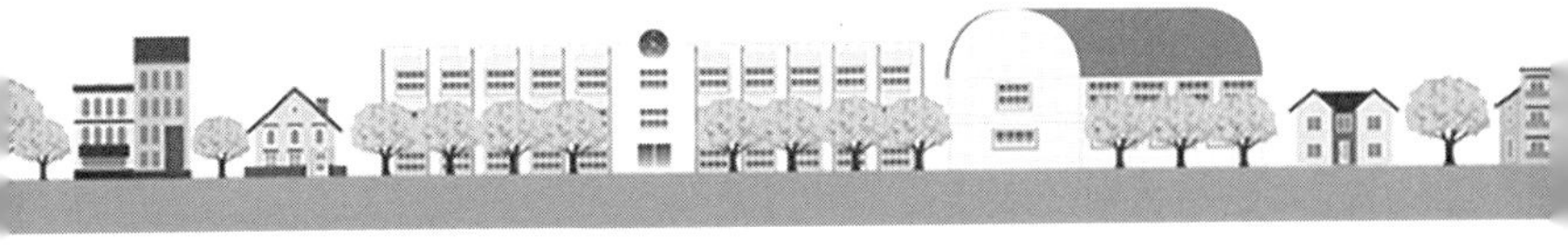

第一章

教師・親・大人たちが子どものためにすべきこと

子どもは大人を映す鏡

平成22年6月18日

昔から、「子どもは親の言うとおりにはしないが、親のやるとおりにする」とか、「親が親なら子も子だ」「子どもは親を映す鏡だ」などといったことがよく言われてきましたし、確かにそうだと思います。しかし今の世の中、子どもを地域全体で育むという観点からすれば、この「親」を「大人」と置き換えてみる必要があります。

「大人」とは、子どもたちにとってはまさに〝人生の先輩〟であり、親や地域の方々、もちろん学校の先生方も含まれます。また、習い事をしていたら、それがスポーツであってもピアノやそろばんであっても、学習塾であっても、そのコーチや指導者も同様です。

子どもたちの行動様式は、まず自分の身の回りの人の「真似をする」ことから始まります。それは幼児であるほど顕著です。周りのことをしっかりと見て、いい悪いの判断はせずに真似をします。家庭では親や兄姉の言うこと、やることを常に見ていて、自然に同じことを言ったりやったりし始めます。また、幼稚園の四歳児が、一つ年上の五歳児のやることを羨望の目でしっかりと見ているのもその表れです。私たち大人もそうです。全く知らない世界に飛び込んだら、何をどうしていいのかわからないし、どう行動を起こせばいいのかもわかりません。そんなときには、周りの人がやっていることをよく見て、それと同じようにして動き始めます。そうしているうちに、自分自身がどうすればいいのか、どうしたいのかがわかってくるものです。

子どもの「発想力」は大人に比べて豊かだと言われていますが、それは、子どもが周りを見て真似から入っていくことが多いため、「既成概念」にとらわれにくいから、ということもあると思います。でも、間違ったことを真似てしまったり、自分勝手な理解をして行動すると困りますので、基本的なことは、やはりきっちりと周りの大人が指導してやらないといけません。

家庭では「しつけ」や「基本的生活習慣の確立」が、その指導すべき基本的なことに当たります。例えば、親が子どもに「部屋をきれいに片づけなさい！」としつこく言っていても、親自身が部屋のあちこちにいつも物を散らかしているようでは説得力がありません。また、「友だちの悪口を言ったらダメだよ」と子どもには諭しておきながら、親が子どもの前でも平気で人の悪口を言っていたら、それを見ている子どもも自ずと人の悪口を言うようになってしまいます。〝教育の根本は家庭にある〞と言われる所以でしょうか。

一方、それは学校でも同じことが言えます。言葉の丁寧さに代表される教師のきっちりとした「ON・OFF」の切り替えと、子どもの育ちの中での教師の影響力の強さ、ということです。

まず「ON・OFF」の切り替えですが、言葉の丁寧さについては第三章を参考にしていただくことにして、他には「服装」のことです。先生方は外部に研修会などに出かけるときには、やはりそれなりの服装をしていくと思います（『そんなこと全然考えてないよ』という先生がいるとしたら、それは社会人としてどうかと思いますが……）。

また、若い先生方も「研究発表会」などのときにはこぞって単彩色のスーツ姿で臨んでいますが、普段はそうではないですね。もちろん、何も学校でも一日中スーツ姿で取り組めなんてことは思っていません。学校に来たら「仕事着」に着替えるのもいいでしょう。その仕事着もユニフォームがあるわけではないので、自分で考えて工夫すればいいと思います。

ただ、子どもたちの前に立つことを前提に考える必要があります。まさか迷彩服姿で教室の子どもたちの前に立って指導することはないでしょうし、ヨレヨレで膝が破れたようなジーンズをはいて、ということもないでしょう。要するに、そこは子どもたちに教育する立場、指導者としての「良識」が大いに問われるところだ、ということです。

先日、教育委員の方々と各小学校を訪問させてもらいましたが、そのときに少し気になったことがありました。それは履き物（上履き）のことです。スリッパ（『つっかけ』と呼ぶ場合もありますが）でいる先生方を見かけました。子どもたちには、靴のかかとを踏まないようにと指導していますよね（中学校では生徒もスリッパにしている学校もあるようですが）。かかとを踏んでいると靴がすぐに傷むということもありますが、かかとを踏みながら「ペタ、ペタ、ペタ」と歩く姿はどうにもいただけません。それに、歩いていて後ろから誰かにかかと部分を踏まれて転んでしまうことがあったり、いざというときに素早く行動ができなかったりという危険性もあります。先生方も、何か急いで行動をしなければならないときに、スリッパだとどうでしょうか？　例えば子どもたちに危険があるような場合に、とっさに体を動かしたり走り出したりすることは難しいですね。そうならないように、特に小学校低学年を担当している先生方は、校内では運動靴系の履き物を履くのがいいのではないでしょうか。教師としての必須アイテムかもしれません。

さて次に、「子どもの育ちの中での教師の影響力の強さ」についてですが、今さら言うまでもなく、教師と子どもとの関係を考えた場合、子どもに与える「教師の影響」は非常に大きいものがあります。例えば、担任の先生が社会科が好きだったから自分も社会の勉強が好きになったとか、絵の好きな先生に習ったから中学校・高校と美術部に入って今はデザインの仕事をしているなど、このようなことはよく聞く話です。その他にも、教師の言葉遣いや考え方などが、子どもの「価値観」そのものにまで影響を与えることがあります。いい影響ばかりであればいいのですが、逆の場合だってあります。担任が時間にルーズだと、子どもたちもついそのペースに慣れてしまって、「時間を守る」ことに対していい加減になる場合があります。これはよくない影響の典型かもしれません。

ことさら子どもによく思われたいとか好かれようなどと思いながら子どもの前に立つ必要はないでしょうが、子どもたちの未来を考えるならば、少なくとも「自分のすべてが子どもに影響を与えている」ということをしっかりと意識して発言・行動することが、子どもを健やかに育む大きな要素となります。

幼稚園からではもう遅い？

平成25年7月18日

近年、「子育て」について学者や専門家の間でも、親の子どもへの接し方についてあれこれ言われることが多くなったようです。以前から私もよく言っていることなのですが、平成十二年十二月に国から出された「教育改革国民会議報告・教育を変える17の提案」の中で、「教育の原点は家庭であることを自覚する」と題し、「小学校入学までの幼児期に、必要な生活の基礎訓練を終えて社会に出すのが家庭の任務である。家庭は厳しいしつけの場であり、同時に、会話と笑いのある『心の庭』である。（中略）親が人生最初の教師であることを自覚すべきである」と提言されています。今、その家庭での任務の大事さが問題になってきているのではないでしょうか。

とにかく、子育てのためにもっと国を挙げて親に関わっていかないと、子どものうちに人として身につけておかなければいけないものがほとんど身につかずに大きくなっていくのではないかと思うのです。子どもは三歳までにある程度、人としての基礎が定まってしまうとよく言われます。特に大事な脳や神経系に、三歳頃までに出来上がる部分が非常に多いからだそうです。要するに（乳）幼児期にどう育ったか、親からすれば我が子にどう関わり、どれだけ「愛着の形成（親子の間の心の絆を育むこと）」をしたかが、その後の発育に大きく関係してくるわけです。

また、人間は寝ている間に体内に「成長ホルモン」が大量に放出されるそうですから、特に幼児期にはしっかりと寝かさないといけないということは、科学的に証明されているわけです。人間は幼児期から、もっと厳密に言えば生後二ヶ月くらいから、昼の時間帯には目覚めていて、夜の一定の時間には眠りにつくという規則正しい「生活リズム」が大切になります。

「ニューロン」という脳を構成する神経細胞がネットワーク化されるのは、生まれてすぐであり、その後本格的にネットワーク化はなされ、細胞から突起状に伸びる「軸索《じくさく》」というものが広がって、それによってさまざまな神経系が発達するそうですが、そのためには、昼間の時間帯には目覚めていて多くの刺激を受け、夜間には眠って脳を休めるという「睡眠と覚醒のバランス」をしっかりとることが必要なのだそうです。

ところが、ニューロンの数は生後半年ほどの間に急激に減るらしく、また前述のように脳や神経系には三歳頃までに出来上がる部分が非常に多いので、乳幼児期の睡眠と覚醒のリズムが阻害されたり、十分に安眠できないと、体の成長が阻害されるだけではなく、精神の安定に関わる「セロトニン神経系」というものも未発達になってしまうそうです。思考能力や衝動性の抑制を円滑に機能させるといった役割も持つこの神経系が未発達になると、「キレ」やすくなったり、「鬱」や「パニック障害」になりやすかったり、それが悪くなれば後天的な発達障害にもつながりかねないのだそうです。ですから、乳幼児期の夜更かしは、睡眠と覚醒のリズムを狂わせて、脳の発達を阻害し、子どもの精神の正常な発達にもマイナス要素として深く関わることになるというのです。

先日テレビを見ていましたら、大阪桐蔭高校から阪神タイガースに入団した藤浪晋太郎投手が、「どうしてそんなに大きくなったんですか？（身長一九七センチ）」という質問に、「よく寝たからです」と答えていました。面白いこと言うなあと思ったのですが、「この頃はよく寝ていませんが、小さいときによく寝ていました」と付け加えていました。全くそのとおりで、「寝る子は育つ」です。理にかなったことを彼は言っているのです。

ところが、最近の若い親は夜遅くまで小さな子どもを外に連れ回したり、家でもテレビなどを見させて夜更かしさせてしまうので、子どもの睡眠時間が不足しているというのです。確かに小さな子を連れて、遅い時間にファミリーレストランやコンビニエンスストアに来ている人たちを見かけることがあります。

また、前述した「愛着形成」についても同じようなことが言えます。明星大学教授の高橋史朗氏は、産経新聞のコラム「解答乱麻」にて、いじめに関して、

「弱い者いじめは人間として恥ずべき行為だという価値規範の形成、相手の痛みを感じる

共感性を育む愛着形成こそ家庭教育の二大役割である。前者は父性的関わり、後者は母性的関わりによって育つものである。文部科学省の徳育に関する懇談会によれば、この恥と共感性が育つ臨界期は二歳の終わりであるという」

と述べられ、いじめ予防に国を挙げて取り組む必要性を訴えておられます。

今や、「へぇ〜、そうなの」などと呑気に言っていられない状況になってきており、私たち大人が後世の子どもたちにツケを回しているという自覚を持たなくてはならないのに、一向にそのような空気は出てきていません。

一時、「アカウンタビリティ」という言葉が流行ったことがありました。日本語に訳せば「説明責任」ですが、何かというとアカウンタビリティと言われ、説明をしっかりとすることが求められるようになりました。しかし、今や説明責任があるから上記のようなことを幼稚園や学校が親に対して説明しないといけないというレベルの問題ではなく、もっと積極的にいろいろな場や機会を通じて、「大人が何も知らずにこのまま子どもたちを放っておいたら、小学校高学年〜中学生になっても人として周りのことを考えたり、協調したりする力を育てることができず、そのまま大人になっていく可能性がある」ということをしっかりと親たちに訴え、そのことを自覚してもらう必要があると思います。

こんなふうに言うと、四、五歳になる幼稚園、六歳になる小学校ではもう土台が出来上がっていて手の施しようがなく、遅いのではないかとも思われるでしょう。確かに、その時期ではもう遅いのかもしれません。しかし、遅いからといって何も手を施さなければ一層悪くなるわけですし、改善することも望めないという状況になってしまいます。

さまざまなことを十分に考慮したうえで、子どもたちにどのように接して、どう力を伸ばしていってやるべきかを考える必要がありますし、親に対しても「学校・園（小・中学校と幼稚園のこと）と一緒になって、子どもがよりよく育っていくように頑張っていってほしい」という啓発をすることが大事なのではないでしょうか。

とにかく親がしっかりと自覚をして、子どものこれからを考えていかないことには、学校・園だけが一生懸命に取り組んでもなかなか成果は上がりません。親も子どもも、そして教師も一緒になって伸びていければ、最高にいいことだと思います。子どもが大きくなってからそれに気づいても、それこそもう遅いのです。

五歳と六歳の子の違いは？

平成26年5月1日

五歳と六歳……何が違うでしょうか？　子どもたちは六歳になった四月、保育所や幼稚園の年長から小学校に入学します。では、そこで何が変わるのでしょうか？

発達段階的、また心理学的に、「自立」という主体的かつ能動的な人間になっていく重要な機能から見た場合、三歳まではまた違って、四歳から十歳までは一つのつながりだと言われています。だから六歳での発達は確かに目に見えて大きいのですが、四歳からの延長線上にあるわけです。なのに保育所・幼稚園から出て、小学校という大きなくくりの中に入りますので子どもは大変です。

では、小学校ってどんなところでしょう？　小学校が子どもたちにとって保育所や幼稚園のときと違うところはどんな部分でしょう？

- 今までは「遊び」が中心で、遊びを通して学ぶことはあったが、小学校では「学習」が中心となる
- チャイムが鳴るので、チャイムに合わせた生活になる

・小学校では四十五分を「一時間」とする区切りがある
・毎日の時間割があり、それによって生活をする
・教科書という本があり、それをもとに毎日「勉強」をする。そして、学期ごとに成績がつき、その結果は通知表として渡される
・普通は、常に机と椅子の生活になる
・次の日までにやっていく宿題があり、家に帰ってからそれをしないといけない
・一年生から六年生までいるので、入学したら一番下の学年になり、上に大きな子がたくさんいる
・毎日、ランドセルという大きなカバンを背負って学校に行かなければならない
・（保育所でもありますが）給食が毎日ある
・一クラス最大三十五人になり、クラスの数も増える（大阪府では三年生からは一クラス四十人）
・友だちのつながりが大きく、強くなり、生活圏や遊びの範囲が広くなる
・お迎えが基本的にはないので、自分で友だちと一緒に登下校をする

以上のようなことが挙げられます。しかし、年間のサイクルとしては、保育所・幼稚園と同じようなことも多くあります。例えば、

・入学式があり、それは保育所や幼稚園の入所式や入園式と同じ

・春と秋には遠足（校外学習）があり、園外保育と同じ
・小学校でも運動会がある
・学習参観があり、幼稚園・保育所の保育参観と同じ
・一学期、二学期、三学期と学期に分かれている（最近は二学期制の学校もある）
といったことが挙げられます。保育所や幼稚園と同じ部分もありますが、子どもにしてみればずいぶん違いがあり、ハードルが高いことが予想されます。それは、いい意味では「大きくなった、成長した」と言えるのですが、反対にストレスを溜めてしまうことにもつながります。

では、小学校からすると、保育所や幼稚園はどういう存在でしょうか？
「少なくとも、小学校入学までには自分の名前くらいは書けるようになっておいてほしい」とか「体育で鉄棒があるので、保育所・幼稚園で逆上がりくらいは教えておいてほしい」というようなことをよく耳にします。確かに、自分の名前くらいは……とは思いますが、子どもたち全員ができるようにはなりません。字に興味を示す子どもばかりではないでしょうし、ちょっと練習すれば逆上がりができるようになる子ばかりでもありません。要するに、保育所や幼稚園では、子どもが字に興味を持つように意識付けておけばいいということです。逆上がりなら、鉄棒に興味を持った子がいれば、その興味をしっかりと伸ば

してやればいいということです。それぞれの子どもによって発達段階は微妙に異なります。他の子ができるからといって、別の子にやらせようとしても、興味のないことは心からやりたくてやっているわけではないので続かないことが多いのです。

家でもよくこんな場面があります。子どもが親に、「これ、なんていう字？」と聞きに来ると、親は「これはね、『あ』っていう字よ」と答え、それだけでいいのについ、「じゃあ、これはなんて字？」などと聞き返してしまいます。親心でしょうか。でも、それが余分なのです。子どもが興味を示したことにだけ答えてやればいいのです。

以前、幼稚園で出くわした話ですが、部屋で遊んでいた子どもが、先生に「もう遊びに行っていい？」と聞いてきました。その子は外で砂遊びをしたくて仕方がなかったのです。その子にとってはお部屋遊びは遊んでいるのではなく、単にやれと言われたことをやっていただけなのかもしれません。私たち大人の思いと、子どもの思いとは、そのようにずれることがあるということも理解しておかないといけないでしょう。教師や親が「子どもはこれで十分満足している」と思っていても、ひょっとしたらこちらの独りよがりということもあるのです。

また、五歳くらいの子どもは、どんなことでも、こちらが「いつ？」と聞くと、「きのう」と答えることがよくあります。まだ時空間の感覚が十分に育っていないからでしょうか。それに、自分が頭の中だけで考えていることでも、考えているうちに実際にやったような気持ちになってしまうことがあります。例えば、行っていないのに「きのう、おばあちゃんのお家に行ってきたよ」と言ったりするのです。これは嘘をついているのではなくて、自分が「そうしたい」と思っていることが、「そうした」ということになっただけのことです。これは六歳になっても続くことがあり、小学校低学年でもこのように発想する子もいるでしょう。そういう場合、周りの大人がそれを理解したうえでどう受け止めて、どう返してあげるか、ということが大事になってきます。非常に難しい年代です。

保育所・幼稚園から小学校に進む子どもたちに、段差のない成長の保障をしてやらないといけません。四歳から十歳になるまでの期間を、このように制度的に分けられているのですから、それをつなぐ作業をしていかなくてはならないのです。そのため、保育所・幼稚園が組織として小学校と連携をとりながら、保育を進めていくのがとても大切なことになります。

しかし、それだけではなく、保護者・親もそのことを十分に理解して、「もう小学校に入ったんだから」と子どもを急に突き放すのではなくて、十歳に向かって子どもと一緒に徐々に進んでほしいのですが、それも啓発しないことにはなかなかわかりません。学校としては、このようなことをしっかりと保護者に伝えていかないといけないでしょう。

子ども「内言」と「外言」

平成22年7月1日

人間には「内言」と「外言」があるということは、皆さんの中にも知っている方が多いと思いますが、私は「言語の発達」に関しては、どちらかといえば、ジャン・ピアジェ（スイスの心理学者）よりも、レフ・ヴィゴツキー（ロシアの心理学者）の「思考発達の考え方」に賛成です。ピアジェは「内言」が先に発達して、そこから思考が生まれ、それに伴って「外言」が発達すると言っています。しかし、ヴィゴツキーは反対に「外言」が先で、その外言をもとに徐々に「内言」を獲得し、抽象的思考になっていくと言っています。すなわち、「子どもの思考の発達は、外言が内言へと『内化』する過程で、まず社会的過程において、次に心理的過程において達成される」ということです。非常にややこしい話なので、もう少しわかりやすく言い換えてみましょう。

幼児（四歳頃）から小学一～二年生にかけては、心の中で何かを考えているときに、それを「ブツブツ」と口に出しているということです。私たち大人の場合は口に（声に）出さなくても心の中で考えたり思ったりできますが、まだ「内言」が十分に発達していない子どもは、それが難しいということなのです。
幼稚園児くらいの子が、「ボクは嫌なのに、○○クンが言うからなぁ……、なんでかなぁ……」などとつぶやきながら困ったような顔をして歩いているのを見かけることがあります。皆さんもそのようなことをしている子どもを見かけたことはありませんか？　それは、その子の「自分の心の中での思考」が外に出されているのです。「内言」は思考言語、「外言」は伝達言語、ということですが、ヴィゴツキーの説明によれば、
外言：他者とのコミュニケーションの道具として機能する言語。対人関係において活用される一般化された社会的言語
内言：思考の道具として機能する言語。自己内関係において作用している個人内言語
ということになります。でも、小さい子どもは「内言」が十分に発達しきっていないので、無意識のうちに声として外に出しながら考えたり、想像したりしているわけです。ですから先ほど言ったような「ブツブツ」が聞こえてくるのです。
その「内言」が出来上がるのは、個人差はありますが、だいたい小学一〜二年生頃で、遅い子はひょっとしたら三年生くらいになるかと思います。
では、内言が出来上がっていないと、どういうことが問題なのでしょうか。そこで思いつくのは「読書」のことです。小学校高学年や中学校では、本（文字）を読むときは「黙

読」が当たり前でしょう。でも、幼稚園や小学校低学年では必ずしもそうではありません。彼らにとっては黙読することは本当に難しいのです。「エ～!?」と驚く人もいるかもしれませんが、実際にそうなのです。子どもたちをよく見ていると、中・高学年でも小さな声を出して読んでいることがあります。

内言が十分に発達しきっていないために、思考するときでさえ声を出してしまうのですから、ましてまだ文字を覚えるか覚えないかというような時期の子どもたちが、本を読むときにも声を出してしまうのは当然でしょう。それを無理に「黙読しなさい」と言うのは、例えば「老眼」になっている年齢の人に老眼鏡をしないで本を読みなさいと言うようなもので、文字を目で追っていてもすらすら読めずに、行を飛ばして読んでしまったりします。

そのようなことを知らずに、一～二年生に「眼でしっかり読みます」と言っても、それができない子もいるわけです。口を小さく開いてブツブツとつぶやくように読まないと読めない子どもに、「誰ですか？　声を出さないで読みますと言っているのに声を出してる人は」などと言ってしまうと、困ってしまう子どもが出てきます。

さて、このことに関連して、「読書」についてもお話ししておきましょう。

今、各小学校・中学校では「読書タイム」や「朝読書」として、週に数回ずつ朝の時間などに読書の時間を設けていることがあります。中学校は各自がどんどん読んでいけばいいのですが、小学校はいろいろな形式、やり方があっていいと思います。

時には、幼稚園のお帰りの時間などでやっているように、先生の周りに子どもたちが車座になり、読み聞かせをするようなこともいいでしょう。また「音読」を意識的に取り入れることがあってもいいかもしれません。前述のように、低学年では、「声を出して読んだ方がいい人は、周りに邪魔にならないくらいの声なら少し出して読んでもいいですよ」と言ってやることも必要です。

それと大事なことは、教師も一緒になって本を読むということです。子どもたちが本を読んでいる間、教師は宿題の丸つけをしているというような状態では、子どもはしっかりと集中して本を読めません。子どもが読書にどっぷりと浸かっている時間は、教師も同じようにどっぷりと読書に浸かるようにして、子どもたちと時間を共有してほしいものです。

朝の読書の時間はわずか十〜十五分ですが、ぜひ子どもたちと一緒になって読書をしてください。そうすれば子どもも安心して本を読みますし、それをきっかけに、時間を見つけては本を読む習慣もついてくるのだと思います。もちろん、特に低学年などでは、時として「読み聞かせ」で担任の先生の心地よい読み口調を子どもたちに味わわせてやることも忘れずに。

幼児教育と義務教育のつながり

平成27年11月30日

この十月下旬に、松原市内の恵我図書館、第二保育所、第三保育所の三か所に、子育て支援のお手伝いと言うとおこがましいのですが、乳幼児を育てておられるお母さん方にお話をさせてもらいに行ってきました。お話といっても十〜十五分程度のものですが、私自身はいろいろな面で勉強になりました。

これまでも何回か公立の保育所にお話をしに行ったことはありましたが、それは皆、夜の時間帯のことで、保育所に通う幼児の保護者に対してでした。しかし今回は0〜二歳児が中心の、いわゆる未就園児（入所前幼児）の保護者で、どの会場もだいたい二十人前後の方々が集まっておられました。「そのようなところで私が何を……」ということなのですが、とにかく私の立場としては、公立幼稚園のよさをPRすることができれば、という気持ちでした。

では皆さん方は、幼稚園、特に公立幼稚園の「よさ」、特徴ではなく「特長」はどんなところにあると思いますか？　即答することはなかなか難しいかもしれませんが、普通に考えられることといえば、まずは「地域とつながっている」ということでしょうか。そしてもう一つ浮かぶのは「小学校・中学校とのつながりがある」ということかもしれません。もちろん、保育の方法など他にも考えられることはいくつかあるとは思いますが。

確かに地域とのつながりは昔からあって、公立幼稚園は小学校・中学校以上に地域の方々にかわいがってもらっている現実があるようです。私が指導主事の頃、ある幼稚園の主任の先生と相談して、地域の神社に落ち葉拾いをしに行って、そこで〝偶然に会った〟地域の方に子どもたちがいろいろとお話をうかがう、ということを計画しました。その地域の方にお願いをしに行き、偶然にその神社で会ったという設定で、何か子どもたちに話していただけたらとお願いしたら、快く引き受けてくださり、当日は子どもたちも大喜びだったようです。

それと前後して別の幼稚園では、小学一年生と幼稚園児とが〝偶然〟同じ公園に落ち葉拾いに来て、そこで出会って一緒に遊ぶ、という計画をして、小学校の先生方に話をしたのですが、残念ながら「外へ出ていくのは危険ですし、そんな時間はとれませんので」と断られてしまいました。その頃は「生活科」も始まり、「秋をみつけよう」という単元もあったのでちょうどいいと思ったのですが、その学校の生活科は先生が落ち葉やどんぐりを持ってきて、それを使って子どもたちがいろいろなものを作る、という想定だったようです。要するに「人の登場しない秋みつけ」の生活科なのです。生活科は、子どもが人と触れ合い、そしてつながる中で実際に体験し、そこでさまざまな「気づき」がある、というものだと私は理解していましたので、「えっ?」という感じでした。

その頃から私は、公立幼稚園・小学校のつながりは、「行事の交流」→「教師間の連携」→「教育課程の連携」という道筋を通る必要がある、と言ってきたつもりなのですが、小学校の方ではなかなか理解できていなかったようです。ですから、あれから二十数年経った今でも「交流」にとどまっているようで、公立幼稚園が小学校・中学校と連携していることが特長だとは必ずしも言えないかもしれません。

さて、はじめの「子育て支援」の話に戻りますが、三つの支援センターを回ってみて、やはり子育てに不安を感じておられたり、情報を得たいと思っておられる保護者が多いと感じました。三か所とも来ていた方も数名おられましたが、やはりなんとか子育ての情報を他の親から得たいということなのかもしれません。

私は、「公立幼稚園のよさ」以外に、「子育ては三歳までに決まってしまうことが多いので、ぜひそれまでにしっかりとお子さんに声をかけて、愛着形成をしてほしい」ということをお話ししました。学校での子どもたちの様子を見ても、コミュニケーションをとることが苦手な子、相手のことに思いを馳せられない子、基本的な生活の行動がとれない子、少しもじっと話を聞いていられない子、当たり前のことを当たり前にできない子が多くなってきており、その原因としては、やはり三歳までに親や周りの大人が価値規範の形成（ダメなことはダメ、弱い者をいじめる行為はいけない、などという意識）と、愛着形成（親子の間の心の絆を育み、そこから相手の痛みを感じる共感性が育つ）をしていないことが大きいのではないかと思えるのです。三歳までの時期にこれらを身につけられていないことで、「小1プロブレム」なども発生しやすいのかもしれません。

ですから、決して小学校一年が「始発点」ではないということなのです。ついつい一年生が始まりのように思いがちですが、小学校に入ってくるまでにはすでに六年間という長い期間、子どもたちは個々にさまざまなルートを通過してきているのです。その中で個々の子どもたちがそれぞれどのような「価値規範の形成」や「愛着形成」を育んでもらってきたのか、小学校ではそれを十分に考えて一人一人に接していかないといけないということです。それこそ、中学校区での取り組みで皆さん方がよく言っている「十一年間を見通す」ということなのです。もちろん、その根本には一～三歳の基本があることを忘れてはいけないと思います（一九頁「幼稚園からではもう遅い？」参照）。

私は今回の三つの支援センター訪問を通して、幼稚園は小学校・中学校という上を見るだけではなく、このような子育て支援センターや保育所とのつながりも視野に入れていく必要があると感じました。要するに「幼・保」連携です。

子どもたちの発達としては、「0～三歳」「四歳～十歳」「十一歳～十四歳」というように区切ることはできるのですが、成長そのものは当然途切れることなくつながっていて、幼稚園（保育所）と小学校という区切りはないのです。もちろん制度的には幼稚園入園、小学校入学、中学校入学といったことがありますが、子どもたちの成長・発達は途切れることなく続いています。しかし、その発達の中で「発達段階」ということをしっかりと頭に入れておかなくてはいけないと思いますし、発達段階に応じてその時期に身につけるべきことをしっかりと考えてやらないといけません。そのためにも、幼児教育と義務教育の接点をいかにうまくつなげるかが非常に大切なことだと思うのです。

家庭学習について

平成22年2月2日

松原市では毎年、「松原市立学校・園の重点指導事項」を策定して、「『確かな学力』『豊かな人間性』そして『社会の一員としての規範意識』を育む学校・園づくり」を大きな柱に、先生方には取り組んでもらっています。

中でも「子どもたちの学力」ということが社会的に大きくクローズアップされていることは周知のとおりです。子どもたちにしっかりと基礎学力をつけるとともに、わかる喜びを、また、わかりたいという思いを持たせることは非常に大切です。

では、「学力をつける」ことを、具体的にどう考えていけばいいのでしょうか?

子どもの基礎学力をつけるのは、当たり前のことながら、教師の責任であり、その基本は学校の授業によってです。そのために、市全体としていろいろとプロジェクトを組み、各学校においても授業研究などをもとにして、具体的な指導方法などを考える取り組みを進めてもらっています。また、学習者としての子どもたちの学習規律の大切さや、教える側の教師の言葉遣いなどの丁寧さも、学力をつけていくための具体的な要素になると私自身もよく言っております。

しかし、以上のようなことだけで子どもに学力が十分につくかといえば、やはり個人差もあり、全員につけられるということは言い切れないものがあります。そこで私たちは、子どもたちの基礎学力の定着や学力向上を考えるとき、「家庭学習」が欠かせないものとなっているということを、まず認識する必要があります。家庭の協力を得ながら、学校で学習したことを家庭でも繰り返し学習することによって、よりしっかりと定着させる必要があるわけです。そういうことから、各学校では「家庭学習の手引き」的なものを工夫して作成・配布し、保護者にその意義を十分理解してもらうようにしていると思います。

それでは、家庭学習（主に宿題に関して）の意義はどのように考えていけばいいのでしょうか？　大きく三つ考えられると思います。

①学校で学習したことを家庭でも繰り返し学習することで、学習内容をより定着させることができる

②家庭でも一定時間、机に向かう習慣をつけることにより、今後の自ら学習する態度（の基礎）を養うことができる

③保護者に対して、今、学校で子どもたちが学習している内容を、子どもの家庭学習を通して知らせることができる

①については詳しい説明は不要でしょう。②については、小学四年生くらいまでにこの習慣をつけておかないと、中学校になって本当に自主的に勉強しないといけない時期に、ややもすると机の前に座って学習することができないということになってしまうので、小学校からしっかりと習慣化することが大事だと思います。③については、よく保護者から「だんだん難しくなって、子どもの勉強は見てやれません」「今と昔とでは教え方が違うし……」というようなことを言われることがあります。しかし、保護者に家庭で勉強を教えてやってほしいということではなく、「子どもが学習しやすい環境づくり」を心がけてほしいということと、「今、学校ではどんなことを勉強しているのかな?」程度の興味・関心を持っていただきたいということです。子どもが「さあ、宿題するか」と思ってやり始めたのに、その横で親が大きな音でテレビをつけて高笑いでもされたら、子どもはたまったものではありません。ちょっと気をつけてテレビを消してくれるとか、せめて音を小さくするなどの気遣いをしてほしいということを、学校でも家庭に具体的に伝えることが大事です。

「家庭力(家庭の教育力)」とか「家庭の協力」といった言葉を最近よく耳にしますし、私自身もよく使います。でも実際は、皆さんも感じておられるように、口で言うのは簡単でも、期待どおりにいかないのが現状で、なかなか保護者にこちらの思うように協力してもらえないところもあります。しかし、だからといって何もしないのではなく、できる限り学校はそれぞれの子どもの保護者との関係づくりを心がける必要があります。

そのためには、「連絡帳で済む」と思ったことでもちょっと「電話」をしてみる、「電話で済む」と思ったことでもちょっと「家庭訪問して顔を見て」、というふうに、一歩入り込むことと、何か問題があったときにだけ連絡するのではなく、いいことがあったとき、子どもを誉めてやりたいようなときにも、何気なく連絡をするのがいいでしょう。

とにかく、保護者の気持ち、目を、時には学校に向けてもらうように努力しなければ、家庭の協力は望めないと思います。

何が子どもと親の距離を広げたのか

平成27年11月20日

最近、「子ども」と「親」とがいろいろな意味で離れてしまっていると言われます。確かにそう感じるところがあります。それはなぜなのでしょうか？　数十年前、今の親たちが子どもの頃よりももう少し前、昭和四十～五十年頃はどうだったのでしょうか？　その頃と今とでは何が違っているのでしょうか？

まず思い浮かぶのは、その頃は日本人の様子を海外からは「エコノミックアニマル」と評されていた時代だったということです。大人たちは必死に働きました。そのため、子どもたちは学校から帰ってきて、それぞれが家の周りや、また学校に出かけたりしてみんなで遊んでいました。遊び道具は今のようにゲーム機やスマートフォンなどはありませんから、自分たちで遊びを考え出さないといけませんでした。陣取り、胴馬《どううま》、鬼ごっこ、探偵、缶けり、Ｓケン……と、道具がなくてもいろいろと遊びを考えた、そんな時代でした。

《一家団欒と子ども部屋の出現》

それまでは各家に「子ども部屋」があることはまだ少なかったのですが、徐々に子ども部屋ができるようになり、それに伴って、夕飯を食べたあと一家団欒でテレビを見たりするということが少なくなってきました。それまでは、父親が仕事などで遅く帰ってきても、子どもたちは茶の間にいるわけですから、「お帰り～」と声をかけていたでしょう。

「おう、ただいま。まだ寝てなかったんか」

そんなところから話も弾んだかもしれません。しかし、子ども部屋ができると、夕食を食べ終わったら子どもたちはそそくさと自分の部屋に行ってしまうので、父親が帰ってきても子どもたちは顔を合わせることがなくなりました。中には子どもの様子を部屋までのぞきに行く親もいたかもしれませんが、話が弾むということは少なかったのではないでしょうか。さらにドアに鍵がかけられる部屋ですと、親はシャットアウトです。中で子どもが何をしているのか全くわからなくなります。もちろん、今も子ども部屋はないという家庭もたくさんありますが、親も仕事があるため、そんな家庭に必ずしも一家団欒の時間があるというわけでもないようです。

そのような世の中の流れが、だんだんと親子のつながりを希薄にしていったと考えられます。それまでは、前述のように夕食のあと一緒に過ごしていた時間に、「学校で何かあったの？　元気がないよ」とか「今日はなんだか荒れてるね、友だちとケンカでもしたの？」

という様な親の声かけから、「うん、授業中にいらんことしゃべってて、先生に怒られた」とか「〇〇に腹立つこと言われて、むしゃくしゃしてるねん」などと、学校での子どもの様子がわかりました。でも、一家団欒の時間がなくなると、一緒の家にいても親は親の生活を、子どもは子どもの生活を、という状態になります。それに、子ども部屋にテレビなどを置くようになるとなおさらです。

家庭が「HOME」ではなく「HOUSE」になってしまっているのです。そうなると、子どもの微妙な変化や信号もわかりにくくなってしまいます。子ども部屋が悪いのではなく、そのありようを考えないといけない、ということです。

《携帯電話がもたらしたもの》

それともう一つ、携帯電話・スマートフォンの普及です。これも親と子どもの関係を希薄にさせた原因としては、大きいのではないでしょうか。

昭和四十年代にはもちろんこのようなものはないわけで、一家に一台の家庭電話でした。親や家族に聞かれたくない電話は、わざわざ近くの公衆電話にかけに行った経験がある人もいるかもしれませんね。しかし、親はかかってきた電話で子どもの友だち関係や行動をある程度は把握できました。それが、家庭電話にまず「子機」が付くようになり、確かに便利にはなりましたが、かかってきた電話を親がとれば誰からなのかはわかっても、子どもが部屋に行って話をしていると、それ以上のこと、例えば楽しそうに電話しているとか、相手と言い合いをしているとかいったようなことはわからなくなりました。

それが、ついには携帯電話の出現です。携帯電話はもちろん便利です。今の生活で携帯電話がないということは考えられなくなっています。でも、親としては子どもの友だち関係、いや人間関係が全くわからなくなりました。

そんな中、以前ある親御さんから学校に苦情がありました。

「うちの子が携帯のメールで嫌なことを書かれている。学校として何とかしてほしい」

そう声高に言ってこられました。学校としては、情報教育の中で「情報モラル」の指導もしているので、「また全体で指導をします」ということを伝えました。しかし、相手が特定できているのだから、その子に注意をしてほしい、とおっしゃいます。学校が個人の携帯の中身にどこまで踏み込んでいくのかということは、非常に難しい問題です。そこで私はこう言いました。

「携帯を買われたのは親御さんでしょう？　携帯の毎月の料金も、やはり親御さんが払っているんでしょう？　子どもに携帯を持たせると決めたとき、親として子どもとどんな話をして、どんな約束事を決めたんですか？　そのようなことなど何もせずに子どもに携帯を与えること自体、考えないといけませんね。子どもに携帯を持たせる以上は、親も責任を持ってください。もう一度、子どもさんと話し合われたらどうですか？　学校としても、子どもたちにはしっかりと指導していきます」

携帯電話やスマートフォンのあり方を、家族で考える必要があるということです。

以上のようなことが原因となり、子どもとのつながりがだんだんと希薄になってきている中、親も我が子のことに責任を持ったり、感じたりする感覚が薄らいできているようにも感じます。またその反面、子どもに対して「物わかりのいい親」でありたいと思っているところもあるようです。

子どもは、発達段階的には「十歳」というのが一つの分岐点になると思います。それまでは、「うちの子、親の言うこと聞きません。学校で注意してください」と言っていても、それは親への甘えもあったりします。でも、この十歳という時期を過ぎても「うちの子は言うことを聞きません」なら、本当に言うことを聞かなくなっているのです。要するに子どもが親を下に見るようになってしまったのです。それを親が今までと同じようにのんびりと構えていると、本当に大変なことになります。子ども部屋・携帯電話などで子どもとの距離が離れているのに、心の面でもますます離れることになってしまいます。

こういったことは、先生方もしっかりと個々の子どもの状態を把握して、親に伝えていってあげないといけないと思います。

「ガンバレ！　先生！」

そう言いたくなります。

親との「三つの約束」

平成22年3月2日

三月は一年のまとめの時期です。それに、幼稚園・小学校・中学校とも、卒園・卒業の学年は特に忙しいだろうと思います。でも、各々の子どもたちにとっては一生に一度のこと。心に残るいい卒園式・卒業式になるようにしてあげたいものですね。そして、卒園式・卒業式が終われば次は新しい年度になり、入園式・入学式。各学校・園ではまたその準備も大変です。

さて、今回は最近の〝親（保護者）〟の傾向について感じたことを少し書きたいと思います。最近の親御さんは結構自分のペースで動いている方が多いようで、子ども中心の意識が今一つ薄くなっているように感じます。例えば、自分たちがどこかへ行きたいと思ったら、子どものことはお構いなしに、少々遠くても、また遅い時間でも、子どもを連れていってしまうことがあります。夜遅くにコンビニエンスストアやディスカウントショップで小さい子どもを連れた親を見かけますし、深夜でもファミリーレストランへ家族で食べに行くということを聞いたこともあります。また、家にいても夜遅くまで子どもも一緒にテレビを見ていたり、ゲームをして夜更かしをしたりしていることもあります。

学校の参観日などでは、授業中でも保護者が携帯・スマートフォンをいじっていたり、親同士が同窓会のようにしゃべっていたりして、我が子の頑張る様子をちゃんと見てもらえないことがあります。子どもの前でも平気でマナー違反をする親もいますし、子どもと学校のことを話しているときに、担任のことを呼び捨てにしている親もいます。もちろん、このような親は全体からすればごく一部なのかもしれませんが、結構目立つのは確かです。

そのような親たちに対して、私たち学校・園は、「子どもたちのことをしっかりと考えてほしいし、子どもたちのために、教師と協力し合いましょう」という思いを持ち、そう呼びかけることが大切です。

そこで、私自身が校長だったときに、入学式の式辞の中で、よく親御さんたちと「三つの約束」をしました。これは見方によればずいぶん失礼な感じがするかもしれませんが、入学式というはじめのうちに話しておく必要性を感じてのことでした。その「三つの約束」というのは、概ね次のような内容です。

①朝ご飯を子どもたちにしっかり食べさせる（生活規律）

「早寝・早起き・朝ご飯」とよく言われるように、きっちりとした生活規律は子どもにとって非常に大事なことであり、親のペースでそれを崩してしまわないようにするということです。もちろん親にも生活があり、夜遅い仕事の家庭もあるでしょう。そういったことを言っているのではなく、「親の勝手なペースはダメ」ということです。

そして、「朝ご飯」の大切さはすでに言い尽くされていると思います。例えば夜七時に夕食を食べたとして、朝ご飯を食べないと昼食（給食）までおよそ十七時間も何も食べないことになり、体力もさることながら、先に「脳」が悲鳴を上げるでしょう。朝ご飯にどんなものを食べるかも重要ですが、まずはとにかくしっかりと食べさせてください。

②はじめは子どもと一緒に時間割を合わせてやる（自立や自主性）

子どもには発達期というものがあって、小学一年生は四歳から十歳までの発達期の中にあります（二四頁「五歳と六歳の子の違いは？」参照）。ですから、一年生になったからといって急に自主性が生まれるというものではありません。もちろん一年生としての自覚を持つように指導することは大切ですが、それを「もう一年生なんだから自分のことは何でも自分でしなさい」と都合よく放り出してはいけません。そうしてしまうと、子どもはいつまでも自分の身の回りのことができない（やり方がわからない）ことになります。

しかし、逆に何でも周りが先々に手を出してしまうと、これもまた何もできない子どもになります。はじめは一緒にするようにして、徐々に手を離していくようにするといいでしょう。

③子どもの前で学校（担任）の悪口を言わない（学校との信頼関係）

子どもは必ずしも、何でも学校のことを家で話すわけではありませんし、嘘をつくことはなくても、自分に都合の悪いことは言いたがらないものです。子どもの言うことを親は信じてやらないといけませんが、時にはその裏に隠された中身を読み取ることも必要です。「ぼく、何もしてないのに、先生に怒られた」などと子どもが言ったときに、「なんでやねん！　そんなん、お前の担任があかんのんとちゃうんか？　文句言うたるわ！」と言ってしまうと、担任に対する子どもの信頼はなくなってしまいます。そこは、「そうか、わかった。先生に聞いてみといたるわ」と言っておいて、子どもがいないところで学校に連絡し、そのときの様子などを聞くようにする、そういった配慮が必要でしょう。学校側や担任としては、その結果、「学校として、こう考えてのことでした」とか「見方が少し違いました。

それは悪いことをしました」などといったことが言えるのです。子どもの前では極力、担任や学校を批判するようなことは言わないようにしてほしいと思います。

このようにして親御さんに頼むのですから、学校側としてはその分しっかりとしないといけません。学校や教師も、見過ごし、見間違い、勘違いをすることも時としてあるわけですから、そのようなときに親御さんの方から前述のようにさりげなく連絡してもらったり、言ってもらったりするとありがたいですし、学校としてそれにしっかりと応えることで、保護者との信頼関係も築いていける、いい機会になります。

近頃の親事情

平成25年3月21日

「今どきの親は……」とよく言われますが、〝今どきの親〟ってどんな親のことなのでしょう？　五年ほど前なのですが、「子どもを育てられない『ママ』の特徴」と題した新聞記事がありました。その中身には、

- 一九七〇年代生まれ
- 核家族で育った
- 異年齢集団の経験がない
- 親に愛されて育ってこなかった
- 地域住民との関係を結ばない
- 気の合わない人と話せない
- 自分の子ども以外の赤ん坊を触ったことがないまま母親になった

というような項目が挙げられていました。

「一九七〇年代生まれ」という項目はともかく、「核家族で育った」「親の愛情に触れなかっ

た」「異年齢の集団の経験がない」「自分の子ども以外の小さい子を知らない」といったこれまでの経験が、結局は今、「地域住民との関わりができない」「気の合う人としか話をしない」といった行動として表れているということでしょうか。

また、これも新聞記事なのですが、「おかど違いの苦情や言い訳」として、このような例が掲載されていました。

・行事のスナップ写真で、「うちの子が真ん中に写っていないのはどうしてか」と幼稚園にクレームをつけてきた

・あることで保護者が学校にクレームを言いに来た日の休業補償を支払えと、学校に対して請求する

・うちの子が石をぶつけてガラスを割ったのは、そこに石が落ちているのをそのままにしていた方が悪いと逆に文句を言う

・ある店の前に公衆電話があり、そこに付いている警察、消防への緊急通報ボタンをいたずらして押した子の母親が注意されると、「こんなところに公衆電話があるから、子どもがいたずらするんだ」と逆ギレした

これらも〝今どきの親〟ということになるのでしょうか。

しかし、同じような頃に、ドロシー・ロー・ノルトというアメリカの作家でカウンセラーの『子どもが育つ魔法の言葉』（ＰＨＰ研究所）という本の中の詩が一世を風靡しました。

このような詩に、〝今どきの親〟たちは心を揺り動かされることはないのでしょうか？

子は親の鏡

けなされて育つと　子どもは　人をけなすようになる
とげとげした家庭で育つと　子どもは乱暴になる
不安な気持ちで育てると　子どもも不安になる
「かわいそうな子だ」と言って育てると　子どもはみじめな気持ちになる
子どもを馬鹿にすると　引っ込み思案な子になる
親が他人を羨んでばかりいると　子どもも人を羨むようになる
叱りつけてばかりいると　子どもは「自分は悪い子なんだ」と思ってしまう
励ましてあげれば　子どもは自信を持つようになる
広い心で接すれば　キレる子にはならない
誉めてあげれば　子どもは明るい子に育つ
愛してあげれば　子どもは人を愛することを学ぶ
認めてあげれば　子どもは自分が好きになる
見つめてあげれば　子どもは頑張り屋になる
分かち合うことを教えれば　子どもは思いやりを学ぶ

親が正直であれば　子どもは正直であることの大切さを知る
子どもに公平であれば　子どもは正義感のある子に育つ
やさしく思いやりをもって育てれば　子どもはやさしい子に育つ
守ってあげれば　子どもは強い子に育つ
和気あいあいとした家庭で育てば
子どもはこの世の中はいいところだと思えるようになる

思春期の子どもを持つお母さん、お父さんへ

期待しすぎると　子どもは疲れてしまう
規則で縛りつけると　子どもは抜け道を探す
何でも言うことを聞いていると　子どもは自己中心的になる
失敗ばかりさせていると　物事を途中で投げ出す子になる
約束を破ってばかりいると　子どもはやる気をなくす
否定されてばかりいると
子どもはどうしたらいいかわからなくなってしまう
子どもの気持ちを大事にすれば　子どもは思いやりのある子に育つ
信じてあげれば　子どもは本当のことを話してくれる

親が自分に正直に生きていれば　子どもも自分に素直になれる
子どもに任せれば　子どもは責任感を持つようになる
親が自立していれば　子どもも自立の芽を伸ばす
健康な生活を送っていれば　子どもは体を大切にする
支えてあげれば　子どもは明るい子に育つ
違いを認める家庭であれば　子どもは生き生きする
あたたかい目で見守ってあげれば　子どもはやさしい子に育つ
子どもを信じて　未来を託せば　子どもは頼もしい大人になる

二つの詩を載せましたが、一篇目は子どもが生まれてから幼稚園の頃までを育てる親としての子どもへの思い、そして二篇目はもっと大きくなった子どもの成長への期待のようなものを題名からも感じます。教師として、親がこういう思いで子どもに接してくれれば、子どもにとっていいなあと思いませんか？

さて、小学校・中学校では修了式には「通知表」を家に持って帰ります。それを見て、親は子どもにどう声かけをしてくれるでしょうか？　次の学年に希望が持てるような声をかけてくれるでしょうか？　ぜひ、そうしてほしいものです。

優しさと甘やかし

平成24年9月3日

時折、「うちの子の担任は厳しいから……」「あの先生は、きついでぇ」などと、保護者の方や子どもたちからの声を聞くことがあります。それは、いい意味で言っておられる場合もあれば、逆の場合もあります。

でも、「厳しさ」と「きつさ」というのは違うものなのです。それを勘違いして、強い言葉で言ったり、荒っぽい態度に出たりすることが「厳しさ」だと思っている人もいます。確かに、時には「厳しさ」をそのような形で表さないといけないことがあるのは事実です。子どもが危険なことをしているので、それをとっさに止める場合とか、子どもが人を傷つけるようなことをしたり言ったりしたときになどは、強い言葉を使うことも必要でしょう。でも、「大声で怒鳴る」ことや「口汚くののしる」「恫喝をかける」ことは、決して「厳しい」ということではありません。むしろこうした行為は「厳しさ」が本来目指すところとは相容れないものかもしれません。「厳しさ」とは、問題に対するとき、相手を甘やかすことなく、引けないところは決して引かない、という強い心で当たるものです。

それと同じように、「優しさ」と「甘やかし」もつい勘違いしてしまうことがあります。もちろん「優しい＝甘やかし」ではないことは誰もがわかっていることでしょう。しかし時折、「そんな優しいことを言ってるから、甘えてくるんだよ」というような言葉を耳にします。こういう場合の「優しいことを言ってる」というのは、相手に「妥協」したり、こちらが弱腰になってしっかりと言い切れなかったりすることを指しているようです。

でも本当の「優しさ」とは、相手をしっかりと認めた中から生まれるものでしょう。決して、妥協したり言い切れなかったりしてしまうことではありません。ですから、格好よく言えば、「厳しさ」の裏に「優しさ」が隠されていたら最高かもしれません。

ここでさらにややこしい話になりますが、「甘やかす」ことと「甘えさせる」ことも、また意味が違います。「甘えさせる」ことは温かな癒しを生むことができますが、「甘やかし」は親がその場だけを切り抜けるための身勝手な態度です。その違いを表すのに、「甘えさせてもらえずに、甘やかされて育つと、大変な子ができる」と言われることがあります。なんだかわかるような気がしませんか？

「甘えさせる」というのを「癒し」と置き換えるとわかりやすいかもしれません。でもその「癒し（安定性）」ということと、子育てでよく言われる「しつけ（社会性）」とは対峙するもののように思われがちです。しかしこれは、前述の「厳しさ」と「優しさ」の関係と同じで、子どもを育てるうえでは、このどちらもが備わっていることが、子どもが成長していく過程では大切なことだと思います。

例えば家庭での子育てに当てはめると、しつけの面ばかり強調するあまり、子どもに規則的なことばかり押し付けたり、大人（親）の思いばかりを通して、子どもの心をしっかりととらえて受け止めてやらないと、子どもはストレスだけを溜めてしまう結果になります。そういった子どもは、表面的には「いい子ちゃん」に育つかもしれませんが、心がはじけてしまった場合、親の言うことなど聞かなくなり、手がつけられないようになってしまう場面も出てきそうです。

反対に、「甘やかし」が過ぎると、自己中心的でわがままな子どもを育てることになってしまいます。ですから、「甘えさせる」ことは時には必要ですが、「甘やかす」ことは決してよくありません。

また、「癒し」も「しつけ」もないという状況がどんな子どもを育てるかは、おおよそ想像がつくでしょう。そうです、これはいわゆる「放任」です。それがひどくなると「ネグレクト」ということになるのでしょう。「しつけ」もしっかりとしてもらえず、愛情を注ぐ「癒し」もしてもらえないのでは、子どもの心は空っぽの状態で、「無表情」「無感動」になってしまわざるを得なくなります。そうなれば、他人とつながることがうまくできない（うまく距離感がとれない）人間になり、自分の気持ちや思いを人にうまく伝えることもできず、周囲の人とのトラブルも多くなってしまうでしょう。さらに、自分の存在を必要以上に注目させたいために、人の物を隠してみたり、自傷行為を繰り返したりするようになることも考えられます。

やはり「癒し」と「しつけ」のさじ加減が非常に難しいということでしょうか。こう考えると、子育てというのは本当に大変なことではありますが、子どもは日々成長していますから、「待ったなし！」なのです。

本項は「親の子育てのあり方」を中心テーマにして書いていますが、先生方は、これまで保護者との対応の中で、すでにこのようなことは十分に感じられているでしょうし、また対応に苦慮されている先生もいると思います（もちろん、自分の家の子育てでも感じておられる先生もいらっしゃるでしょうね）。そういった保護者には、気になって助言もしたいところですが、耳を貸さない人も中にはおられるでしょうから、なかなか突っ込んで助言するのは難しいことです。特に、経験の浅い、若い先生方はなおさらだと思います。そんなときのために、学年なり学校全体で、そういう場合の対応の仕方や、保護者への伝え方などを、共通のものにしておかなくてはいけないと思います。

もちろんこの「甘やかし」と「甘えさせる（癒し）」は、クラスの中での先生の子どもの受け止め方とも相通じるものだと思います。前述の、「そんな優しいことを言ってるから、甘えてくるんだよ」という言葉をしっかりと噛みしめる必要がありますね。クラスに子どもの「居場所」を作ってやることは大事ですが、子どものわがままに妥協してしまうことと、「優しさをもって厳しくする」中で「柔軟」に対応していくことは、全く違うということをしっかりと意識しないといけないと思います。

親の〝道徳教育〟

平成26年3月14日

「親の〝道徳教育〟」――この言葉を聞いたとき、私は少しびっくりしました。それは、最近私が考えていることとよく似ている部分があって、「同じようなことを考えている人がいるものだなぁ」と感激したからです。

「親の道徳観や判断力の乱れがはびこり、それが各地で子どもをとりまくさまざまな問題を引き起こす最大の原因となっている」

産経新聞のコラム「解答乱麻」でそう述べられたのは、ジャーナリストの細川珠生さんです。平成十五年から八年間、東京都品川区教育委員を務め、ラジオや雑誌などで活躍中であり、父親は故細川隆一郎氏（政治評論家）です。

「子どもは親の後ろ姿を見て育つ」「子どもは親を映す鏡」「親が親なら子も子だ」……子どもと親のつながりをいう言葉はとにかくたくさんあります。中でも、最近の親には「親が親なら子も子」という言葉が一番ピッタリなような気がします。確かに「子どもは親の後ろ姿を見て育つ」のですが、最近の親は必ずしも子どもに〝いい後ろ姿〟を見せてはいない場合が多くありませんか？
「子どもは地域で育つ」「教育・しつけは学校でやってもらうもの」そう決め込んでいる親もいるほどで、この発想には「教育の根本は家庭にあり」という一番重要なことが抜けているのです。幼稚園は少しは違うでしょうが、小学校・中学校の子育ての段階で、すでに子どもを学校任せにしてしまっているということが多くあります。基本的な生活習慣やしつけの根本まで学校任せということもあります。そうでありながら、学校に対してさまざまなクレームをつけてくることも多いのです。それならば学校側からも、子どもをしっかりと養育しない親に対して、子どものためにもクレームをつけてもいいのではないかと思うほどです。それに、「地域で育つ」と言いつつ、親として自分自身が地域の一員という意識が薄いことが多いのです。中には、「地域」には自分の家は含まれず、何か別の場所とでも思っている節さえ感じさせる人もおられます。

「親の〝道徳教育〟」ということに話を戻しますが、「親の道徳観」をしっかりとさせて、子どもを取り巻くさまざまな問題を引き起こす要因を取り除いていくにはどうすればいいのでしょうか？　前出の細川さんは同コラムで、「方法は簡単である。親の道徳教育を必須とする制度を国が作ればいい」とおっしゃっています。なるほど、確かにそうです。国は以前から、教育の中での家庭の大事さを言っているのですから、「国策」としてやることは全くおかしくありません。細川さんはもう少し突っ込んで、こう言っておられます。

「五歳児（幼稚園や保育園の年長児）から小学校卒業まで、親の道徳教育の時間を設ける。低学年までは年二十時間。つまり長期休暇を除いて月に一回、二時間ほどの外部の人を呼んでの講演会などを開催する。高学年になれば、半分でもいい。出席は義務とし、感想文を提出する。『欠席や未提出があれば、子供の評価に加味』とすれば、親は血相変えて参加するだろう。企業側は、その日は証明書の提出をもって有給外の休暇扱いとする。年少の子がいれば、託児代は国か市町村が補助をする。これらを義務教育の教育課程に含めるのだ」

この提案はすごく具体的であり、そこまでやるのは少々無理もあるようには感じるのですが、今やそこまでやらなければならない状況ですよ、ということなのです。

「子供の道徳の教科化をやっても、親がこの〝惨状〟では効果は期待できない。しかし、親も常に向学心を持ち成長していけば、自分自身の人生も豊かになるはずである」

細川さんはそうも言われています。確かにそれは言えると思います。

私も、子育てについては「親の免許証」なるものが必要なのではないかと思うことがあります。子どもを「産む」ことは、例えばどんなに生活に困窮していても裕福であっても、出産への知識が豊富であってもなくても、同等に子どもを産むことはできます。しかし、産んだ我が子を「育てる」ことについては、もっと大切で、もっと大変なことなのです。今、少子化となっているのは、雇用問題や就労支援といった「子どもを育てるための補償」が十分になされていない中での育児の不安ということが大きくあるからだと思いますが、それにも増して、子育てのノウハウを教えてもらうことが少ないために、親の不安が大きくなっているという点が非常に気になるところです。

乳幼児のうちは、いかに愛着形成ができるか。そしてその後は、いかに規範形成ができるか。これは子どものまともな成長にとって大きな問題です。この「愛着形成」や「規範形成」がしっかりとできないことが、いじめや発達障害にもつながるのだと言われる専門家の方々もおられます。

私は、しっかりとした親の行動・価値観を、子どもが小さいうちから伝えていけることを「親の免許証」と言っているのですが、細川さんが提案されている「親の〝道徳教育〟」は、その裏付けとなる具体的な方法になるかもしれません。

幼稚園・学校としては、細川さんが言われるように、「子どもの道徳の教科化をやっても、親がこの〝惨状〟では効果は期待できない」だろうと思うのです。今や子どもだけを教育して育てていくという時代ではなく、それこそ親もまる抱えにしてみんなで育っていくようにしないと、二十年、三十年先が見えないような気がします。

私は現場にいるときに「親学」として、『校長室の窓』なるお便りを保護者向けに発行していましたが、これは学校だよりとは別に、保護者に対して、「校長は教育や子育てについてこんなふうに考えていますが、保護者の方々はどうですか？」といったスタンスで、週に一、二度書いていたものです。例えばこんな題があります。

「子どものことを考えてやるということは」

「勉強はなんのためにするの？」

「『ストローク』という言葉の話」

「子どもの言動から見えてくるもの」

「子どもと根気くらべ」

「親の役割と出番」

「子どもに見せる親の姿」

これらの題を見ていただくとわかるでしょうが、こんな内容ばかりでは保護者の皆さんも頭が痛くなるでしょう。ですから、時にはちょっとした今風の話題やネタも書いたりはしていました。

とにかく、学校側はどんどん、校内で取り組んでいること、そこで子どもが伸びたこと、やっているけどまだ十分でないことや不足していること、そんなことを親に伝えていき、そのうえで家庭で考えてほしいこと、やってほしいことなどを発信していくようにすれば、学校の中身も常に家庭に伝わるし、学校の考えていること、親として子どもにやってほしいことも伝わるのではないでしょうか。

親の役割と出番

平成28年5月23日

各学校・幼稚園の皆さん方は、「学校・園の教職員という立場」を持っています。その中でも、教員と、教員でない人、というように大きく分けることもできます。またその教員の中でも、管理職、養護教諭、栄養教諭、そしてその他の先生方というように大きく分けることができます。

何を言っているのかというと、人にはそれぞれ立場があり、その立場によって役割も違ってくるということです。これは学校・園でのことだけではなく、子どもたちを取り巻く中では、地域のスポーツクラブや学習塾などで子どもを指導する人たちにも役割はありますし、一般の会社でもあります。また家庭においても、それと同じようにそれぞれの役割があると思います。例えば、父親には父親としての立場と役割があるでしょうし、母親には母親としての立場と役割があるでしょう。それはもちろん各家庭によって違ってはいるでしょうが、それぞれの立場で役割を持っているわけです。中にはひとり親家庭もありますが、そこは片方の親がどちらの役割も担わないと致し方ないところです。

昔から、どちらかというと母親は子どもに直接的に関わることが多く、小言を言う役割をすることも多いようです。そして父親は、こまごまとしたことはあまり言わないけれど、煙たい存在のように思われていたところがあります。しかしこれは一般的な傾向であって、うちの家庭では正反対だ、ということもあるでしょうし、そこまで役割分担がはっきりとしていない家庭もあるでしょう。これは何も男女の違いをどうこう言っているわけではなく、ましてや昔からあった「女性は家庭で子育てをし、男性は外に働きに出る」といった画一的な発想でもありません。父親が家事を担当して、母親が働きに出る家庭もあるわけで、それはそれでいいわけです。いずれにしても、人には「父性」「母性」という、人間が本来生まれながらにして持っているものがあるということです。

このようなことから、どこの家庭においても、どちらかというと母親の方が子どもとの結びつきが強くなります。中には、父親は結びつくどころか全く子育てに関係せず、母親任せで何もしないという場合や、反対に「うちの子はお父さんが大好きで」と、母親よりも父親とのつながりの方が強いという家庭もあります。でも普通は、母親との結びつきが基本にあっての話だと思います。

ですから、子どもが何か悪いことをしたときに、「このことはお父さんには内緒にしておくから、次からしたらあかんよ」などという叱り方をする母親がいます（父親を〝怖い存在〟として子どもに意識させてしまっている）。母親として子どものことが可愛くて、つい甘くなってしまうからかもしれませんが、これは決していい叱り方ではありません。それでは子どもはまた同じ悪さを繰り返すのではないでしょうか。私がこれまで見てきた事例でも、そうなっていることが多いようです。

さて、このような子育てにおいて、いつの時代も親（母親だけでなく、父親も）の子どもに対する思いは非常に強いものがあります。そこで、時として子どもの「甘え」に押し切られたりする場合があります。例えば、友だちとの諍《いさか》いで自分の子どもの言い分だけを聞き、相手の子どもの家に文句を言ったり、学校にクレームをつけたりすることがありま す。それに加えて、最近の傾向として、子どもが親を下に見てしまっていて、親がそんな子どもとのつながりをうまくとりたいがために、子どもに言われるままに相手の親に文句を言いに行ったり、学校に文句を言いに行くといったこともあるようです。子どもは、嘘はついていないとしても、やはり自分の都合のいいように考えてしまうので、一方だけの言い分で判断したり動いたりするのはよくないでしょう。このことは学校内でも同じですから、先生方も気をつけないといけません。

そして、そのようなクレームを言いに来る親に対して、学校側としてはまずじっくりと話を聞くことです。言っていることがこちらの認識と違う場合、つい遮って口を挟みたくなりますが、それをすると相手の気持ちを逆なでしてしまう結果にもなります。まずは、聞くことです。それで親の気持ちがおさまる場合もよくあります。特に、我が子の言ったことだけをもとにクレームを言ってくる親についてはなおさらです。

本来は「出しゃばらず、放っぽり出さず」という親としての「出番」を見定めてほしいところなのですが、どうも最近は「出番」を間違える親が多いようです。親は口では「もう小学生になったんだから」とか「もう高学年だから」「もう中学生になったんだし」などと言うのですが、何かあると子どもに任せておけないでつい乗り出してくる、といったことがあります。特に子ども同士の諍いについては敏感なところがあるようです。

でも本当は、子どもに対しては、昔から言われているように「幼児は手を放さず、児童は目を離さず、青年には心を離さない」といった姿勢で、そして子どもから「SOS」が出されたらその信号を見逃さず、「さあ、親の出番」とばかりに出てほしいと思うのです。特に子どもが何かに悩んでいるとき、なかなか見えるものではありませんが、メンタルな部分をキャッチしてうまく子どもに声かけをし、学校と一緒になって応援していくような、そんな出番があるといいと思います。

そのためにも日頃から、学校としても親とのつながりを作っておくことで、親も学校に相談しやすいと思います。小学校に入学して早いうちにそのようなつながりを作っておかないと、高学年や中学校になってから、子どもが親の言うことを聞かなくなったような状態ではもう遅いと思います。

第二章

子どもたちの学力を高めるための工夫を

「サーキットトレーニング」のススメ

平成23年2月1日

年が明けて二月に入ると、暦の上では立春です。しかし、ここからが一年で一番寒い時期になります。

昔から「子どもは風の子」と言われますが、どうも最近の子は必ずしもそうではなさそうで、コタツやストーブのお守《も》りをしている子どもも多いと聞きます。小学校でも、寒い日には休み時間に外に出て遊ぶことも少なくなってきているのではないでしょうか？　幼稚園の園児の外遊びの様子はどうですか？　寒さに負けないで外で遊んでいるでしょうか？　また、中学校などでも体育の時間は見学、という生徒が増えてきていませんか？

さて、この寒い時期の「体育の授業」についてですが、よく見かけるのが防寒着、それもジャンパー（スタジアムジャンパーも含めて）やオーバーコートなど分厚い上着を着込んで授業を受けている姿です。ひどい子どもでは一時間中、防寒着を着たまま体育をしていたということがあり、その姿を見ていると何やら滑稽に思えてしまいます。中学校のようなジャージならまだしも、ゴワゴワの大きな上着を着たままで体育の授業を受けるのは、安全性の面からも考えないといけないと思います。

とはいうものの、特に寒風が吹きすさぶ日などは確かに寒いでしょう。しかし、ある程度動いて体が温まってくれば、上着は脱いでいくようにしないといけません。体操服一枚では寒いという子には、もう一枚着込ませてもいいと思います。

指導する側の教師の服装も気になることがあります。寒くて着替えるのがつい億劫になり、体操服に着替えないで、上からジャージの上着を羽織って体育の指導をしている教師をたまに見かけます。しかし、子どもは体操服に着替えるのですから、教師自身も十分注意しないといけませんね。そんな姿でいる先生は、たぶん分厚い防寒着を着たまま一時間中いる子どもの姿を、見ていても見えないか、気にならない場合もあるでしょうし、「体操服を忘れました」と言って見学を決め込む子に対しても何の違和感も持たないのではないかと思います。

そんな寒い時期の体育の授業では、まず体を温めるような動きが必要です。確か昨年の秋頃だったと思いますが、本市の教育委員長の井村雅代さんと話をしていて、「もっと子どもたちに体力をつけたらんとあかんねぇ」などとお互いに言いながら、一致した意見が、「サーキットトレーニング」の活用でした。寒い時期にこそ、体育の時間のはじめに準備

（アップ）で運動場を単に走るだけではなく、サーキットトレーニングをするのがいいと思います。もうすでにやっている先生は、「何を今さら……」と思われるでしょうが、私も冬場の体育では、特に運動場での体育では常にそうしていました。

サーキットトレーニングを知らない人や、やったことのない人のために簡単に説明しましょう。まず、運動場はトラックではなく、外周を大きく回ります。そうすると、特に小学校などでは運動場の隅の方にはいろいろな遊具類がありますね。中学校でも、砂場・朝会台・バスケットゴールといった施設や器具があります。それをうまく利用しながら走るのです。これは、個人個人でやるのもいいのですが、班を作って（もちろん教室での学習班でもいいですし、体育で班を作るのもいいでしょう）、その班で一緒になって走る方がいいのではないかと思います。例えばこんなコースはどうでしょうか？

朝会台（スタート）

←　バスケットゴール（全員がシュートできたら次に）

←　低鉄棒（逆上がり。できない人も△回は練習する）

←　高鉄棒（懸垂を△回）

砂場（股上げ走りで通過）←
登り棒（棒の間をジグザグ走り）←
サッカーゴール（ペナルティーキック）←
朝会台（ゴール）←

こんなふうに考えていけばいいのです。そして、この一連を一セットとして、「今日は△セットします」というようにパターン化していけば、子どももよくわかると思います。小学校では他にもさまざまな遊具や施設（ジャングルジム、雲梯など）があるでしょうから、それらをうまく利用して考えれば、いくらでもコースが作れるでしょう。できれば、学年、もっと言えば学校全体で決めるようにすれば、次の学年になっても、この時期には体育で「サーキットトレーニング」をするということを学校としての取り組みにでき、子どもたちも馴染んでくると思います。もちろんこれは寒い季節だけではなく、他の時期にもメニューを少し変えれば使用できる内容になるでしょう。

各学校では、冬場の寒い時期に体力づくりをするために、さまざまな取り組みをしていると思います。例えば、幼稚園などでは「乾布摩擦」、学校では「縄跳び週間」や「マラソン週間」などです。

私も現役のときには、体力に任せてクラスの子どもたちに「『縄跳び日本一周』をしよう」と提案して、「先生よりも早く日本一周ができた人には、畳一枚分の大きさの表彰状をあげます」と、興味付けのために大きなことを言ってしまいました。百回飛べば一マス塗っていくという日本地図を描いたカードを作り、回数を競っていくというものです。言った以上はやらないといけないので、チャイムが鳴るやいなや休み時間は運動場に出て、縄跳びに没頭しました。幸い、なんとか表彰状は渡さずにすみましたが……。しかし、相手は高学年でしたから大変です。中には縄跳びの達人を自負する子もいましたし、こちらも必死でしたよ。負けてしまうと畳一枚分の表彰状を作らないといけないのですから。

ところで、「確かな学力」「豊かな心と人間性」に加えて、「健やかな体とたくましい体力」ということが大事だと言われていますが、確かにそうです。松原市では「スポーツの町・松原」を目指していますので、子どもたちにはスポーツ好きになってもらいたいと思っています。

地域でのスポーツ活動で、野球、ソフトボール、サッカー、バレーボール、バスケットボール、体操、空手、水泳と、さまざまなスポーツに親しんでいる松原の子どもたちですが、学校の体育の授業でも大いに運動が好きになれるよう、教師も頑張らないといけません。「地域でやってるスポーツは面白くて好きだけど、学校でやる体育は面白くない」などと言われてしまうと、「指導のプロ」としての先生方も形無しになってしまいます。そうならないように、「楽しみながら体力がつく体育のあり方」を研究してほしいと思うのです。もちろん、「体育の時間はドッジボールをさせておいたらいい」と思っているような先生はいないと思いますから。

道徳の授業

平成23年3月10日

三月になって寒さも和らいできたでしょうか。三月六日頃を暦の上では「啓蟄《けいちつ》」といって、土の中で冬ごもりしていた虫たちがぼちぼち地面に這い出てくる頃とされています。春の暖かい陽ざしが降り注ぐのももう少しですかね。

さて、豊かな人間性の育成のため、「道徳」の授業などで子どもの心を揺さぶり、道徳的価値に触れることができるような授業がうまくできればいいなあと、私はいつも思っています。そこで、「道徳」の授業について、以前「校内の若手教員研修」として、一つの教材をもとに道徳の授業の教材研究・指導案づくりをしたことがありました。道徳の授業ですから、「モラルジレンマ」を扱った題材をもとに、全体でモラルディスカッションを行いました。子どもたちの心の揺れと高まりをいかに引き出すかということが重要ですが、そのときの教師の支援、声かけなどにも、難しいところがあります。

さて、そのときは以下の教材（小学校中学年・高学年向きの教材）を資料として見つけてきて、若手の先生方と一緒に考えていったのですが、皆さんだったら、どのような解釈をして、指導案を作りますか？　考えてみてください。

恵子の心

五月のさわやかな風が吹く季節になりました。恵子さんのクラスでは、

「やさしい子、かしこい子、元気な子」

という学級のめあてを決めて、一学期を過ごすことになりました。

ところが、めあてを決めて一週間もたたないうちから、明君に対するいじめが始まったのです。その中心になっていたのが正夫君でした。正夫君は体も大きく、すぐに人の悪口を言ってしまうような男の子でした。

その正夫君たちが明君のことを「ばい菌」と呼び始めたので、明君が帰りの会で、

「もう言わないでください。」

と全員の前で言ったのが原因でした。

それ以来、正夫君たちは、「ばい菌」とは言わなくなりましたが、明君をさけて通ったり陰でこそこそ悪口を言うようになりました。そのことは、クラスの全員が気がついていました。でも、だれ一人として、正夫君たちのことを帰りの会で言おうとはし

ませんでした。

　ある日の放課後、恵子さんがクラブ活動で使うはさみを教室に忘れたので取りにもどりました。すると、教室の後ろのロッカーのところで正夫君たちが何かをしていました。何気なく見ていると、明君のロッカーの中に、ボールペンで何か書いている様子でした。恵子さんがはさみを取りに机に向かおうとすると、正夫君たちは、さっとロッカーをはなれ、恵子さんをにらむようにして教室を出て行きました。恵子さんは気になって、明君のロッカーを見てみると、

「かっこつけるな。バカ、死ね。」

　と書いてありました。恵子さんはびっくりしてしまい、すぐに先生に知らせようかと思いましたが、見て見ぬ振りをして、はさみだけを持って急いでクラブに走って行きました。

　次の日の朝、教室に入ってみると、何やらさわがしくなっています。よく見ると、明君が泣きながらロッカーを一生けんめい消しゴムで消しているのです。朝の会になり、明君のことが問題になりました。先生が明君に理由を聞いても、明君はただ黙っています。

　恵子さんは、どきどきしながら、先生の方を見ました。

先生が、

「明君の泣いているわけを知っている人はいないの」と、静かに訴えるような声で言いました。そして、教室にいる子どもたち一人一人の顔をゆっくりと見回しました。恵子さんは、昨日見たことを思い切って話そうと思い、手を上げかけたその時、正夫君が恵子さんを見ていることに気がつきました。その瞬間、恵子さんの心は大きく揺れ始め、恵子さんは、黙って下を向いたまま何も言うことができなかったのです。

（『アイデアいっぱい！道徳授業でやさしさづくり』土田暢也・著／東洋館出版社）

道徳の時間では、よく資料の「分割提示」の手法が使われることがあります。分割提示では前半を「主教材」にしますが、子どもたちには後半部分がわからないので、結果を予測する楽しさがあり、子どもたちを授業に引きつける有効な方法の一つだと思います。もっとも、あくまでも「授業のねらいを見据えた活用」ということが大事なわけですが……。

先の教材を授業の中で分割提示をするとすれば、後ろから七行目の「先生が、」からを後半の資料とすることになるでしょう。主教材になる前半部分は、傍観者の立場に立っている主人公の恵子が、いじめの現場を目撃したことを伝えるべきかどうかで悩む場面です。そして後半部分は、先生に事実を伝えようとしますが、加害者側からの仕返しに対する恐怖心から、結果的には何も言えなくなってしまう、という内容です。それを分割提示することによって、傍観者的立場の主人公が後半部分でどのような行動をとるかを、子どもたちが自分なりの価値観で予測して、いろいろな意見が出てくることが期待できます。

それをワークシートを使って書かせて、自分なりの意見を発表させたあと、後半部分の、特に「手を上げかけたその時、（中略）恵子さんの心は大きく揺れ始め」を提示することによって、主人公の心の揺れを感じ取る、ということになると思います。

そして最後には、ワークシートを使って、「感じたこと・考えたこと」を書かせ、それぞれが感じ取ったことを出させる（発表させる）といった手法で、道徳の「主教材の提示」→「モラルディスカッション」→「副教材の提示」といった流れをとることができます。

その中で、決して教師が押さえつけることなく、子どもたちに余韻を残せる授業が組み立てられると思います。

心に残る音楽の授業

平成27年10月6日

私が新任のときに配属されたのは、新設二年目の松原西小学校でした。三年生の担任でしたが、当時はまだ五年生までしかいない学校でした。四・五年生の音楽の授業は専科の先生でしたが、三年生は担任が行うことになっていました。ところが、五年生の担任の先生が「できたら私も音楽の授業をしたい」とおっしゃり、その先生が自分のクラスの音楽を二時間教えて、その分、私の三年生のクラスの音楽を専科の先生が教えてくれ、さらに五年生のそのクラスの運動場の体育を二時間、私が教えるということになったのです。変則ではありますが、いわゆる交換授業です。今考えると、五年生の先生は自分が音楽を教えたいというだけではなく、バイエル程度しか弾けない私に配慮をしてくれたのではないかと思ったりもしています。

今は専科制ということについてあれこれと議論もあるでしょうが、そのときは音楽の授業を専科の先生に教えてもらって、子どもたちのためにはよかったような気がしています。

またそれ以後、私は高学年の担任ばかりだったため、残念ながら教師生活で一度も音楽を正式な形で授業として自分で行うことはありませんでした。

音楽のことでは、自分は授業をしていないのに感動的なことをいくつも思い出します。そのうち二つほど挙げますと、いずれも三宅小学校にいた頃のことですが、一つ目は「三宅太鼓」のことです。昭和五十五年に私が三宅小学校に転勤してから数年後に転勤してこられた音楽専科の先生と一緒に、あるとき、学校の近くにある農協の広場まで三宅太鼓の練習風景を見学に行かせてもらいました。子どもたちが地域の大人の方に教えてもらいながら一緒に太鼓を打つ音に感激しつつ、そのときどうしても行かなければならない用事があったので途中で失礼しました。音楽の先生は最後までおられて、きっちりと写譜（?）されて、音楽の時間に三宅太鼓を取り入れられるようになりました。同じように見学に行っていながら、途中退席したとはいえ、音楽の才能というかセンスというか、それがあるなしでこうも違うものかと思ったものです。それ以後、その先生の努力もあり、三宅地域で伝統的な「三宅太鼓」が、学校の音楽の時間を通してそれまで以上にポピュラーに子どもたちに浸透していき、地域の方々の協力で、さまざまな大きな舞台でも子どもたちの腕前を披露できたことはすごいと思いました。

また、二学期・三学期に、五年生がクラスごとに合唱と合奏を音楽発表会でするので、その先生に指導をしてもらったこともありました。私のクラスは二学期の合唱ではスメタナの『モルダウ』を、そして三学期の合奏ではブラームスの『ハンガリー舞曲第五番』を演奏し、いずれもクラシック曲を子どもたちが合唱・演奏できる機会に恵まれました。

合唱の『モルダウ』では、歌っている子どもたちを見て私は鳥肌が立ちました。音楽の時間に練習していくにつれて、子どもたちの音楽に対しての気持ちが変わってきているのが手に取るようにわかりましたし、何かに没頭していく様子は確かに魅せられるものだと感心したものでした。そして本番では、歌う子どもたちは自然に左右に体が揺れているのです。それも少しではなく大きく……。普段はヤンチャをしているあの子もいい顔をして、左右に体を揺らして歌っています。参観に来ていた保護者たちは、我が子のそのような姿にきっと涙を流していただろうと思います。担任の私も大いに感動しました。

三学期に行った合奏の『ハンガリー舞曲第五番』のときは、誰が何の楽器をやるかは子どもたちの話し合いで決めたそうですが、I子さんがどうしてもシンバルをやりたいということで、周りの意見を聞かずにシンバルに決まったといいます。音楽の先生は私に、

「どうしてもあのシンバルがワンテンポずれるのよね、かなり特訓もしてるんだけどね」

と言っておられたのですが、結局そのままI子さんの意をくんで本番を迎えました。そして、本番でもやっぱり見事（?）にシンバルが半拍ほどずれているのが私にもわかりました。でもI子さんの顔を見ると、必死でやっている様子がよくわかりましたので、「I子さんが一生懸命やっているんだから、これはこれでいいか」と、そう思えたのです。

みんなで教室に帰ってからも、周りの子たちからはそれぞれが頑張ったことをお互いにたたえ合う言葉はありましたが、Ｉ子さんを批判したりするようなことは一つもなかったので、ホッとすると同時に、クラスがこのことを通じてまた一つ大きくなったかなと、うれしくなりました。

もう一つは、三宅小学校で校長をしていたときの話です。創立百三十年の記念式典はやらない、と以前からＰＴＡでは学校と話し合って決めていたようですが、体育館の緞帳は記念に学校に贈るということで、そこで贈呈式のようなことをやっては？　という声が上がり、地域の方や保護者に来ていただいて「お披露目式」をすることになりました。お披露目式といっても何をどうするのか、ということでいろいろ考え、二学期の終業式のあとに体育館で五・六年生が何かをすることにして、それを、来られた方々に緞帳と一緒に見ていただこうということにしました。

この時点で終業式までは一ヶ月しかなく、さらに二つの大きな課題がありました。一つは、いろいろな方々に来ていただけるように至急「案内状」を作って持っていくこと。もう一つは、当日に児童が何をするのかということです。普通、周年行事は一年も二年もかけて計画・準備してやっていくものですが、今回は一ヶ月しかないので、それはもう大変です。

一つ目の案内状はすぐに作成して、ＰＴＡの歴代の役員の方々や地域の方々に持っていきました。そして、児童の出し物はどうするか、先生方に諮りました。すると、あっけないほどあっという間に決まりました。まず六年生は、「群読をします」と六年担当の先生方が提案してくれました。すると五年生は、音楽専科の先生が「合唱をします」と言ってくれたのです。

「先生、大丈夫？」

「はい。私、そういうの（子どもが活躍するのを見てもらうの）、好きですから」

そう笑いながら言ってくれたのです。おそらく、そう言うからには子どもたちがやりたがることとの見通しがあったのでしょう。教師ってこうあるべきですね。子どもたちが「やりたい！」と心躍らせるようにうまく仕掛けることは教育の真髄です。

「反転授業」とは

平成26年5月9日

最近、新聞やテレビなどで「反転授業」という言葉を見たり聞いたりすることがあります。皆さんも耳にしたことがあるでしょう。では、この反転授業とはいったいどのようなものなのでしょう?

反転授業とは、授業の動画（授業用ビデオ）などを家庭で前もって学習しておき（予習）、学校での授業では、知識を理解したあと、家での予習をもとにして課題などを話し合ったり、予習を土台にして応用的なことを解いていくことに重点を置くという指導形態です。「反転」というのは、学校で学習したことを定着させる意味で家庭に帰って「宿題」をさせていたのを、逆に、まずは課題を家庭で予習させて、そのあと学校で授業を行うという、順序を「反転」させることからこう呼ばれているようです。

反転授業では、子どもたちが家庭での予習で得た情報・知識を応用して問題を解いたり、課題を解決するために話し合ったりするという形になるので、知的好奇心を持たせるという意味で面白いのです。

それに、反転授業では授業内の説明・講義といった時間が減ることで、先生は子ども一人一人に対してよりきめ細かな指導や対応ができることになります。また、子どもたちにとっても自分のペースで学習に取り組めるということがメリットになるでしょう。

このように考えると、毎日の学校での授業では、新たに知識を学んだり記憶したりすることはなく、「家庭の予習で得た情報や知識を、実際に自分の力で活用する」というところに重きを置くことになり、学校では「考える授業」というものが一層できることになります。

また、家庭で予習することから、保護者が子どもたちの学習内容や進み具合、指導の方法などをつぶさに見ることもできるのですから、学校での学習の中身もよくわかるという利点も考えられます。

このような試みは、以前からアメリカの一部の小学校・中学校・高校でなされていて、それが大学にも広まっており、その効果の検証から、いい結果も得られているようで、日本にも紹介されてきたということらしいのです。

当初は日本では塾などで試行されていたようですが、二〇一三年一一月から佐賀県武雄市が試験的に実施しています。武雄市では小学生・中学生全員に一台ずつタブレット端末を配り、家庭で予習してきたことを授業の中で話し合うという授業形態をとっているということです。こうすることで、知識の習得と活用の両面を伸ばすことが期待されています。

講義式の授業からの脱却を目指している松原市としても、「言語活動を活発にして、授業の中で課題解決に向けた子どもたちの議論ができる」ということを目指しているのですから、この反転授業の目的と一致しているのです。

というのも、松原市の子どもは、全国学力・学習調査の結果からも、基本的な知識を問うようなもの（A問題）はできていても、知識をもとにして思考する応用（B問題）に関してはなかなか向上していないのです。そのため、授業改善の中身としては、「根拠をもとにした思考を、言語活動を、十分に生かしてお互いに伝え合う」ということが重要なのです。その点、この反転授業が目指すものと一致しているといえます。

しかし、このあとでも少し述べますが、そのための知識の習得の問題があります。反転授業では、家庭で「予習」という形で子どもたちはそれらを習得してくるわけですから、予習をするということが大前提になります。そこで松原の子どもたちの生活状況の現状を考えると、かなり厳しいものがあるかもしれないのです。

ある大学の先生の話では、日本でも十年後には反転授業が主流になるということですが、反転授業も有効なことばかりではなく、一方では課題も指摘されております。まずは子どもたち全員にタブレット端末を配布するなどして、事前の授業動画などを見ることができる環境を確保する必要があります。そして、授業に先立ってその映像を見ることが不可欠になりますし、教師自身がそのような指導力を十分に身につける必要もあるのです。

前もって映像を見るためには、低学年ほど大人が子どもたちに映像を見るように指示してやらないといけませんので、家庭の協力も欠かせません。先ほどふれたように、生活状況の厳しい子どもが多ければ、「前もって予習をして授業を受ける」という学習習慣を身につけさせるのは、なかなか難しくなってきます。反転授業では、まずはこの「予習」ということが大前提なので、これでは授業が成り立たなくなってきます。

しかし、「松原では予習の習慣付けがないし、それならこのような取り組みは無理だな」と諦めてしまうのもいかがなものかと思います。では、もしやるとしたら何をポイントにすればいいのでしょう?

まずは、今進めかけている簡単なことの「徹底した習慣化」です。中途半端では何もできません。子どもたちに「何事も徹底したらできる」ということを実感させないといけません。今、残念ながら先生方にその「徹底する」という意識が薄い感じがします。挨拶一つにしてもそうです。子どもたちがしっかりと挨拶ができることを一つの目標にしてやっていても、肝心の先生方があまり挨拶ができていないのですから、子どもに望む方が無理です。まずは先生方が大きな声を出して挨拶できないことには成り立ちません。

教師が徹底できない限り、子どもたちに「○○をちゃんとしなさい」と言ってもやらないでしょう。だから「必ず家で予習してきなさい」と言っても、頑張ってやってくる子どもは少ないはずです。教師がしっかりと徹底し、やれる環境・雰囲気を、学校から家庭へきちんと発信することが大切です。その気持ちをみんなが持つということが一つ目のポイントです。

もう一つのポイントは、情報機器を使ったからといって、教師の指導が上手くなるというようなことは当然なく、まずは授業の工夫があっての情報機器であり、いかにうまく情報機器を授業の中に入れ込むかが大事だということです。

以上の二つのことがしっかりできてこその「反転授業」だと思います。「松原では家庭的にしんどい家が多いから……」とはじめから言っているうちは、反転授業はおろか、子どもたちのために新たな試みは何もできないだろうと思いますし、授業改善も望めないだろうと思います。

情報機器を有効に使う

平成23年11月30日

松原市の学校に、パイロット校としてパソコンが導入されたのが、中学校が平成八年度からで、小学校が平成九年度からです。そして平成十年度からは順次、小学校・中学校に配置されていき、もう十数年になります。

私の指導主事の時代（平成三〜七年）は、教育委員会には大きなテレビ型のパソコンがあり、5インチの大きなフロッピーディスク（薄いペラペラなものでした）にデータを保存していましたが、そのデータがよく飛んで（壊れて）しまって、みんなで大騒ぎをしたものです。

各学校へのパソコン導入が始まった頃は私も学校現場に戻っていましたので、校内の何人かの先生たちと一緒に、あの大きなパソコンをまとめて購入し、それに対応しようとして一生懸命に使い方を練習しました。当時はパソコンもずいぶん高価で、一台四十万円前後した記憶があります。もちろん、今と違って「CRT（ブラウン管）」の大きなテレビ型のパソコンです（その頃には、フロッピーディスクは3.5インチになっていましたが）。

そして、校内に立派なパソコン教室もできて、各学校単位で、また教頭会などの集まりで、講師を招いてのパソコン研修も熱心に行いました。先生方の中には民間のパソコン教室に通う人もいたほどでした。

昔話はこれくらいにして話を進めましょう。松原市は前述のように、教育委員会事務局の努力により、「先進的教育用ネットワークモデル地域事業」などを活用していち早く情報機器の導入をし、情報教育を推進してきたという経過があります。早くから情報教育に対して関わってきた松原だと言うことができます。そのような実績の延長上に、現在の「情報教育」があるのです。

確かに、あの頃から比べれば、今は若い先生方がどんどん入ってくることと相まって、各教師の技量も高まり、どの人もパソコンは使いこなせるようになったとは思うのですが、活用の効果としてはどうでしょうか？「手軽に」「日常的に」「道具として」使いこなせているかどうかです。パソコン教室での学習は別にして、小学校では各クラスに大型液晶テレビが設置されたのですから、今までのようにプロジェクターを用意するまでもなく、そのテレビに各学級にあるパソコンを接続して、常時うまく利用することができると思います。しかし、使っている人とそうでない人の温度差がずいぶんあるように感じますが、どうでしょうか？

特に、教室には大型テレビがせっかく設置されており、小学校では学級ごとにあるのですから、各学級で有効に使ってほしいと思います。私が学校訪問をしたときに見たら、どうもあまり使われていないようですし、たまたまかもしれませんが、カバーをかけた上からセロハンテープで紙を貼って、臨時の掲示板と化しているところもありました。「ずいぶん高価な掲示板だな……」と、つい呟いてしまいました。

でも、このテレビ、授業の中で使うだけではなく、「約束事はきっちりと」の項でも述べていますが（二五四頁参照）、実は本当に「掲示板」としても使ってほしいと考えているのです。それは、前述のように上から紙を貼ったりするのではなく、テレビを「電子掲示板」として使うということです。

例えば、次の授業が図工だとしたら、

〈はさみ・カッター・割り箸を、つくえの上に出しておくこと〉

とパソコンに打ち込んで、テレビ画面に出しておくのです。もちろん言葉でも言うのですが、耳だけではなく目からも情報が入ることで、子どもたちとしてもしっかりと注目できるはずです。また、〈次の時間は何も出さなくていいです〉と案内しておいたりも……。そうして掲示板が習慣化されれば、指示の効果も上がると思います。

そして、このように日常的に使っていれば、授業中に使うのにも抵抗感が少なくなるでしょう。実は先日、小学一年生の授業で、子どものノートをデジカメでさっと撮って、そのSDカードをテレビに挿入し、すぐに映し出して、それを見ながら発表するという授業を見ました。その先生は、それをさりげなくやっていたので、とてもいいなと思いました。ゆくゆくは、テレビに「電子黒板」の機能が付けられるようになれば、もっと活用効果は大きくなるでしょう。せっかくある情報機器を、カバーを付けて眠らせておくのは大変もったいないことです。

次に、各学校･園のホームページのことですが、各家庭でもパソコン（インターネット）がポピュラーになってきている現在、地域や保護者の方々から、学校・園のホームページへの要望も来ています。一番多いのが、「学校・園の情報が古い」ということです。そういえば以前見たときに、学校・園によってはかなり前の研究発表会の案内がまだドーンと残っていました。最近はかなりの学校で「月中行事予定表」が毎月更新されるようになりましたが。

もちろん、各学校･園のホームページは、その学校の保護者だけが見ているのではなく、他の地域の保護者や教師も見ているでしょう。もっと広げれば世界各地（大袈裟かもしれませんが）の人々が見ているのですから、うまく利用して、学校・園としてのアピールをしてほしいものです。

「保護者への発信・啓発」ということを考えた場合も、ホームページは非常に有効だと思います。どの学校・園としても学校通信（だより）や園だよりはプリント（紙媒体）で出ているでしょうが、ホームページを使って発信することで、より一層広く見てもらえるのではないでしょうか。更新する手間など、時間がかかったりするかもしれませんが、月一回程度は更新できたら、保護者にできるだけ新しい情報を伝えることができます。せっかくあるホームページ、うまく使うか、あるだけで更新もあまりしないかは、大きな違いです。

また、「メールをお待ちしています。メールはこちらに――」などともよく書かれていますが、それならば、「メールを出してみようか」と思わせるようにしないといけませんね。いつまでも古いデータを掲載しているようでは、見ている側は「メールを出したら、ちゃんと返信があるのだろうか？」と思ってしまうかもしれません。ましてや、いつまでも「工事中」の欄があったり、月ごとの「行事予定」が、今年度はすでに半分過ぎているのに昨年度のまま滞っているようなことがあれば、話になりません。

学校・園から情報発信をして、保護者・地域への啓発活動を活発化させることが望まれている中、ホームページを大いに活用していけたらいいと思います。

勉強って、面白い!?

平成28年10月17日

教師にとって、授業のどんなときに「満足感」を感じるでしょうか？　私は子どもがこちらの仕掛けに反応して、その授業に乗ってきている様子を実感できたときに、「よしよし、やったー！」というような感覚が湧いてきました。おそらくそれは誰しも同じではないかと思います。具体的なことを挙げると、

①授業の導入部分で、興味付けをして課題を提示したら（課題を決めたら）、子どもたちの顔つきがパッと輝いたとき

②授業の中で、特に山場でゆさぶりをかけたら、子どもたちがこちらの思惑どおりに乗ってきたとき

③思いもよらない意見が出て、授業そのものがその意見によって膨らんだとき

④その授業で発言させたいと思っていた子どもが、自ら積極的に発言できたとき

⑤子どもたちがみんな、授業に食いついてきているのが実感として伝わってきたとき

といったところでしょうか。

まず①の、導入部分でその授業の課題をはっきりさせるところでは、最近はどの先生方も「目標」や「めあて」を決めないまま授業に入っていくということは少なくなりました。でも、「突然ですが」といった感じで課題を黒板に書いたり、短冊を黒板に貼ったりすることがあります。それは子どもにしてみればあまりにも唐突で、なぜその課題が出てきたのかを十分に理解しないまま授業が進んでいく可能性があります。やはり、前の授業のことを思い出させるなり、興味付けをする話なりがあってこそのこの時間なのですから、そういった「前振り」のようなものが必要です。そこではじめて子どもたちも、この時間で自分たちがやろうとすることを考え、授業の必然性を意識するものでしょう。それがないと、いくら「目標」だの「めあて」だのと言ってみても、子どもの「学びたい」という気持ちの高まりは引き出せません。

次に②の「ゆさぶり」のことですが、一時間がたんたんと流れていく授業というのは、子どもたちにとって退屈なものです。一時間中ずっと集中していられるわけがないので、途中でダレてしまうかもしれません。ずっと講義式に教師の話を聞いていないといけないとなれば、眠くもなるかもしれません。そんなときに、少し流れを変えるようなことも必要ですし、この時間のこれまでの整理も少ししておく必要もあります。

例えばの話ですが、子どもが間違えた答を言ったときに、「はい、そうですね」と言ってみるとか、正しい答が出てきても、「えっ、そうなのかな?」と言ってみたりすることで、子どもたちの意識を見定めてみることも、時としていいかもしれません。要するに子どもたちに、「えっ？　そうだったかな……」とか、「先生、それ間違ってるんじゃないかなあ？」といった立ち止まりをさせ、思考をもう一度させるということで「ゆさぶり」をかけてみることも必要なのです。時折そうすることで、子どもたちは乗ってくることがあります。

次に③ですが、授業の中では子どもたちから思わぬ意見や考えが出される場合があります。指導案、それも細案をしっかり立てていたときにそうなると、どうしたらいいかわからなくなる先生もいるかもしれません。そんなとき、何がなんでも自分の立てた道筋に沿ってやろうとするのは、子どもにとって授業が面白くなくなるもとになります。

そんなことも含めていろいろと想定しておかなくてはいけないですし、万が一、想定外のことが起こったとしても、「子どもを教材・指導案に合わせる」のではなく、「子どもの実態や発想に授業を合わせていく」ことが大事になってきます。もちろん、そうした結果、授業の中身が大きくそれてしまうようなことはいけません。しかし、思わぬ意見をうまく全体に投げかけられるような対応力も、授業者としては必要になってきます。

次に④の、その授業で発言させたい子どもが発言できたときには、授業者としてはとてもうれしいものがあります。発言させたい子というのは、やはり学力や生活に課題がある子でしょうから。でも、そのためにわかり切ったことを尋ねて発言を促したりするのは、見え見えでよくないでしょう。

最後に⑤のように、子どもたちが授業に食いついてきているのが実感として感じられると、授業者としては自分の授業の構想に自信を持って進めていけるのです。子どもたちが乗ってきているのは空気として伝わってきますので、そんなときには「わくわく」「ぞくぞく」してしまうでしょう。

このように、授業をする側が授業をしていて楽しくなれば、当然、子どもたちも同じような思いを持っているに違いありません。よく、「勉強は面白くない。でも、大事だから頑張ってやらないといけないんだ」と言われることがありますが、教える側がこんな楽しい思いのできる授業ができれば、子どもも「勉強って、面白い!」と思うようになるのではないでしょうか。

子どもの「わかった・できた」→「面白い」ということが引き出せる授業をするために、私たちはどうしたらいいのかを日々研究していかなくてはならないと思います。単に「面白い」だけではダメです。昔、よく体育の授業のときに「先生、うちのクラスもドッジボールしてほしい」と言ってくる子がいました。しかし、子どもに体育の面白さをドッジボールをすることで味わわせるのはいかがなものでしょうか。べつにドッジボールがいけないと言っているのではありません。ドッジボールで一時間を過ごすことがどうなのか、と言っているのです。それは単に刹那的なものになりがちでしょう。そうではなく、「技を身につけた」「〇〇ができるようになった」「サッカーでパスをうまく通してゴールに結びつけた」、そんなことを通して体育の「面白さ」を味わわせることが大事なのです。それは他の教科でも同じことだと思います。

「わくわく・ドキドキ」する授業

平成27年5月12日

一単位時間が、小学校では四十五分、中学校では五十分が基本です。幼稚園にはそのようなものはありません。でも、小学校・中学校の子どもたちにとって、この四十五分、五十分の間、じっと自分の席に座っているというのは並大抵なことではないと思います。大人でも会議や研修の間に、よく席を立ってトイレに行ったり外に出たりする人がいます。じっと座っていられないのかもしれません。

大人は比較的自由にそういうこともできますが、子どもは勝手にそうすることはなかなかできません。特に教室での授業中となると難しいです。それなのに一時間中、席に座っていないといけないのは、子どもからすれば本当に大変なことです。ましてその授業が面白くなく、興味も湧かないような内容だったり、中身が全然わからないようなものであれば、それこそ〝ガマンの時間〟ということになります。

以前、中学校の先生方に、「まずは座らせる→前を向かせる→話を聞く」という一連の流れが必要です、とお話ししたことがありました。なぜそんなことを言ったのかというと、その中学校の授業を見ていると、生徒は立ち歩かないまでも、たいていは横を向いたり後ろを向いたりして話しており、教壇で授業をしている教師の方なんか、ほとんどが見ていないのです。ましてや話を聞くということなどないに等しいと言った方がいいような状態に見えました。これは教師と生徒のどちらに問題があるのかはわかりませんが、こうなると教師もつい大きな声を張り上げるのが当たり前のようになってしまうのです。そんな中で「言語活動を活発に」と言ってみても、空々しく聞こえてしまいます。

余分なことですが、確かに中学校の教師の方が小学校の教師よりも相対的に声が大きいように思います。「中学生はうるさいから仕方ない」と思うかもしれませんが、生徒たちがうるさくなって、「静かにしなさい！」などと言ってしまっては、その授業はおしまいです。騒がしくなれば余計に小さな声で話すようにする習慣をつける必要もあります。

もちろんそれ以前に、その授業が子どもたちにとって興味があったり、好奇心が掻き立てられるようなものであれば、「静かにしなさい」「前を向きなさい」などと言わなくても前を向くでしょうし、他の人としゃべることもないでしょう。

授業の中身だけではなく、教師の話し方や教材の提示の仕方など、さまざまな工夫によっても、子どもの反応はずいぶん違うのではないでしょうか。ただし、子どもは急にはそうならないでしょうから、これは中学校だけに課せられる問題ではないと思います。

中学校では小学校と比べてどうしても専門的な知識を伝えることが多いので、教科によっては「講義式」になることも多いでしょう。でも、子どもは興味の持てないものには反応を示しません。とにかく、授業では子どもが食いつくような展開を、一時間のうちにさまざまな場面で考えないといけないのです。

小学校の低学年の子どもの場合では、だいたい十五分程度しかじっと聞いていられないように思います。ですから、四十五分の中では授業を三つのブロックに分けて構成しないといけないことになります。言い換えれば、「十五分のモジュールを三つ」と考えるといいと思います。そして、そのモジュールをうまくつないでいくのです。だらだらと四十五分間、同じように続けてやってしまうと、それこそだらけてしまうことになります。

小学校高学年〜中学生でも二十〜二十五分が限度です。ですから、途中一回は流れを変換するか、揺さぶりをかけるかする必要があります。それを、たんたんと講義式に四十五分間、五十分間やってしまうと、子どもたちは途中から話を聞いていないという状態になりかねません。それが続くと、その教師の授業は面白くないという先入観ができて、はじめから聞かなくなってしまうのです。

授業の中には「わくわく・ドキドキ」する場面が必要です。もう少し端的に言えば、授業中は落ち着いてぼんやりしているのではなく、「これ、ちょっとわからないな。あてられたらどうしよう……」とドキドキしたり、「それ、知ってる！　言いたい。あててほしい！」

とわくわくするように仕向けていくということです。そのような仕掛けがない授業は、子どもにとっては面白くない授業ということになります。

私が指導主事の頃、ある中学校の国語の授業研究に助言者として行ったのですが、その授業を見ていると、教師が生徒を順番にあてていくのです。席の前から順にです。だから子どもたちは自分が指名される頃合いがわかるわけで、仮に授業の一番はじめにあてられた子は、もうその時間中はおそらくあてられることはないので、「あてられたらどうしよう……」というドキドキ感がありません。何も考えなくてもいいのですから、思考そのものも止まっていたかもしれません。だって、いくら考えていい答が導き出せても、発言の機会はないのですから。それでは「わくわく・ドキドキ」がないどころか、面白くもなんともないと思いませんか？

確かに、指名読みというか、国語の教科書などの順番読みは席の順に読んでいくというのはよくあることです。しかし、教師が席の順番に指名して答えさせていくという授業は、私はそれまで見たことがありませんでした。もしかすると数学などではあるのかもしれませんが、国語の授業です。さまざまな意見が飛び交うかもしれない科目なのに、順番に指名とは本当に驚きでした。このような授業をやっているようでは、応用（B問題）がどうのこうのどころではありません。工夫が何もないというほかありません。

それに、一方的に教師がしゃべりまくる授業も、子どもたちにとっては面白くない授業です。その昔、私の娘が中学生のときに、日曜参観に行きました。そのときは社会科の授業で、教師が一方的にしゃべっていて、子どもたちは聞くだけの授業内容で、彼らは明らかに退屈していました。

そこで、家に帰ったあと、私は娘に訊いてみました。

「今日の参観の授業はどうやった？」

すると、こんな返事が来ました。

「いつもの授業よりは、ましやったかな」

それなら、いつもはいったいどんな授業を受けてるのかな……と思ってしまいました。

とにかく、子どもを引き付ける工夫が、授業の中では大事なことです。

子どもの学力を育む四つの要素

平成28年4月19日

今回は、「学力向上の要素」ということについて考えてみたいと思います。
子どもの学力を育むための要素としては、四つほどあるように思います。

①学習規律の徹底ができているか

勉強するにはそれなりの準備と心構えが必要です。チャイムが鳴ったらすぐに学習できるように席に着くのは当然のことですが、それを子どもたちの「当たり前」にするには、教師の行動が必要です。チャイムが鳴ったらすぐ授業を始められるようにするには、教師自身がそうすることです。打ち合わせや急な出来事で、時には教室に遅れていく場合もあるでしょうが、「先生はいつも遅れて教室に来る」という意識を子どもたちに持たせることはよくありません。

次に学習の準備ですが、下敷きを敷いていない子どもがやたらと多いのですが、教師はそれをあまり注意しません。敷かなくてもいいと思っているわけではなく、見えていないのでしょう。人は意識して物事を見ないと、意外と目に入らないもので、それは「見ていても、見えていない」のです。

低学年から、下敷きを敷いているか、鉛筆はしっかり削って何本持ってきているか、ノートや教科書には名前が書いてあるか、持ち物がよく床に落ちていないか、すぐ物をなくす子はいないか、などを気にかけて見ていくと、これが習慣化されて、ノートを開けて字を書くときには下敷きを敷くのは当たり前になります。このような何でもない学習の基礎・基本が学習の土台としてあり、それを軽んじると次第に子どもたちはいい加減になっていきます。

②子どもたちに学習するための「必然性」を持たせているか

物事を単に伝えて、覚えさせたり教え込んだりすることは誰でもできます。でも、物事を学習するに当たっては、まず子どもたちに、そのことを学習する「必然性」を持たせることが第一です。

例えば小学三年生の算数で物の重さを教えるときに「g（グラム）」が出てきます。そこで先生が単に「物の重さはgという単位を使います」と言って、秤を持ってきて「これは何gか量ってみましょう」とやったのでは、子どもにとってはシンプル過ぎる指導であり、グッとくるものがないのです。そこで例えば、子どもたちの興味をそそりそうな二つの物を、「これとこれ、どっちが重い?」と問うことから入って、直接比較、間接比較、単位へと興味深く進めていくと、子どもたちは重さを考える中で、国際単位である「g」の必要性を感じてくるのです。そして、そのうえでいろいろな重さの計算などを理解させます。今言われている反復学習(スパイラル)などは十分に効果が発揮されるでしょう。

ただ単に「これはこうです、覚えなさい」と言うだけでは、一定の面白さや興味はあっても、何のためにそうしているのかがわからなければ、子どもたちに最終的には受け入れられなくなってしまうばかりが、勉強嫌いを作り上げていくことにもなります。

学習するにも何をするにも、教育をする以上、教師は「目標」「めあて」を持って指導します。「子どもがこんなことをやりたがっているから」と、なんでもかんでも子どもの希望どおりにやらせていては教育ではなくなりますが、教師が子どもたちに「こんなことをさせたい」「こんなふうに思ってほしい」という目標を、「僕たちはこんなふうにしたい」「私たちはこんなふうに考える」というように、子どもたちが自らがそうしたいと思ってくれるように、いかに持っていくかが勝負なのです。そのためにも、子どもたちの学習や活動が、子どもたちにとって「必然性」のあるものにしていかなくてはならないと思います。

③教師が授業とその他の「ON・OFF」のスイッチの切り替えをしているか

どこの学校に行って授業を見ても、教師の言葉遣いの荒っぽさが目につくことがあります。とある中学校では、「俺はな、こう思うけど、お前らはどうや?」といった調子の先生もいました。特に若い教師が、そのようないわゆる〝ため口〟でしゃべっているのを見かけますが、そうすることで子どもたちとの距離が縮まっていると錯覚しているのではないでしょうか。しかし、それは大きな間違いです。

例えば、大阪弁の「……やなぁ!」と念を押す言い方を「……だね(やね)」と言い換えるだけで、伝わる優しさや丁寧さが全然違うのです。子どもたちには「……です」「……ます」というような丁寧な発言を求める指導をしておきながら、教師自身が「……やなぁ」「……やろ」と言うのはどうでしょうか。そのようなしゃべり方をすることで、「自分は君らのことをよくわかってる理解者なんだよ」ということをアピールしているのかもしれませんが、先ほどの〝ため口〟と同様、大きな間違いです。特にクラス全体への声かけや発問のときには、教師がしっかりと丁寧な言葉で対応することが大切です。

ただ、授業を離れれば、休み時間などに子どもたちと一緒に遊ぶ中では、子ども以下になってやっていくこともあり得ます。そんなギャップが、子どもたちから見ると大きな魅力に映ることにもなります。

それ以外にも、例えば中学校なら部活指導や生徒指導上での子どもへの関わりも、授業とは違ったそれなりの話し方は当然あるはずです。教師は「よい意味で二重人格たれ」ということです。

④話す・思考する方法を子どもたちに具体的にわからせているか

子どもたちは発表・発言していなくても、学習に集中しているときは実にさまざまなことを考えているものです。しかし、その考えたことを発表したりする「術《すべ》」を知らないのです。知らないことは、教えてやらないとできません。発表したり話したりするその方法（話し方）を道具として持たせてやると、意外にうまく話せる子が多く、難しいことではありません。例えば発表の初歩として、「ぼくは○○だと思います、そのわけは——」というのを話型パターンとして持たせてやるだけで、発表しやすくなります。

発表しようとすることは、とりもなおさず「思考」することを誘発しているわけです。また、自分と同じ考えを他の誰かに先に言われてしまうと、「残念、一緒や」と思って、もう手を挙げなくなるかもしれません。そればかりか、そのあとは何も考えなくなってしまうことにもなります。しかし、「ぼくも○○君と同じで——」という話型を慣用句的に使うことを知っていれば、他の人と全く同じ考えでも発表はできます。それが武器となって、子どもたちの発言は活発化してくるのです。簡単な「話型」を子どもたちにわからせることによって、それが大きな力となり、そうなればまた思考力も一層伸びてくるでしょう（また、思考力を伸ばすためには〝書かせる〟ことも重要です）。

子どもたちの学力を上げ、豊かな心を育むためには、このように、具体的にどうするかという方策をしっかりと考えていくことが大切です。

「話型」を考える

平成23年9月27日

前項の「子どもの学力を育む四つの要素」で書いた、学力向上のための四項目のうちの一つ、「話型の習得」について詳しく書いてみたいと思います。

この「話型」の有効性についてはずいぶん前から言われており、最近ではあちこちでその必要性を説く人が増えてきました。しかし、話型を単なる「スキルの習得」とだけ考えてしまうのではなく、話す中身が重要であることは、前にも述べたとおりです。スキルの習得だけで考えてしまうと、そこで語られる中身は「言葉遊び」的なことにもなりかねません。教師はそのことをしっかりと意識して指導しないと、単にテクニックだけのことになってしまいます。ですから、「話型のスキルの習得」と「自分の伝えたい思い・中身」のベクトルとして考えていく必要があります。そして、日常の生活の中で「生活化」していくことが大切です。

《話型の習得で思考を深める》

話型を習得することは、他者に「伝える」ことを容易にする、自分の考えや思いを他者にわかりやすく伝えるための道具にしていくということです。例えば、授業の中で教師から、「皆さんは、どう思いますか?」という問いかけがあったときに、当然子どもたちは考えるわけです。そして何人かが挙手をして、その一人が指名されて答えたとします。「私は……だと思います」(この言い方も、簡単な話型の一つとして子どもたちに使わせたいものです)

それを受けて教師がどう反応するかも興味のあるところですが、仮に「なるほど、○○さんはそう考えたんですね。じゃあ、他の人はどう?」とまた問い返したとします。すると、他の子どもたちも発言の機会があると思って手を挙げるでしょう。しかし、次に指名された子が、「私は……です」と前の人と同じ答を言ったとしたら、教師はどう受け答えするでしょう? そこが大きなポイントです。

「それは○○さんが、さっき言ってくれたのと同じでしょう?」

「今のと同じじゃないの? 一緒だったら同じことを言わないでよろしい」

というような発言をする教師はさすがにいないとは思いますが、もしいたとしたらどうでしょう? そう言われた子は、もう発言しなくなるかもしれません。また、それ以後は思考も止まってしまうでしょう。できれば、

「そう、あなたも○○さんと同じ考えなんですね。はい、わかりました」

せめてこれくらいは言ってやってほしいものです。そうすればその子も、少なくとも自分の考えもわかってもらえたという気持ちになるでしょう。

でも、前もって子どもたちが「話型」という道具（スキル）を持っていればどうでしょう。「私も○○さんと同じで、～～だと思います」と、前の人の発言を受けた形で自分も発言することができます。たったこれだけでも、子どもたちは自信を持って言えるようになるのです。「○○さんと似てるのですが」「○○さんと少し違うのですが」「○○さんと反対なんですが」と応用もできますし、「○○さんと、□□さんと、△△さんと同じで」とか「みんなと同じで」などと、自分なりに考えて言えるようになります。

これらは一つの例に過ぎません。話型はその他にもいろいろな方法を考えていくことができます。「私は……と思います。その理由は――」というふうに、結論を先に、そしてその理由をあとに述べる話し方なども考えられます。そうすれば、子どもたちも自分の考え、思いなどを自信を持って発言できるようになってくるでしょう。

《話す中身を考えることが大切》

さて次は、発言する中身についてですが、子どもたちは授業の中で、教師から出された課題についてさまざまに考え、そして答を導き出そうとします。いわゆる「思考」をして、自分の考えを持とうとするわけです。また、地域の方などから聞き取りをしたり、いろいろな体験をしたりする中で、自分の「思い」を持ったりもします。

しかし、そんな意識や考えを周りのみんなに発信するためには、前述の話型を元にするなりして、発言しなくてはなりません。その部分がなければ、いくらいい考えを持っても、いくらすばらしい思いを持っても、他者にうまく伝えることができなくてイライラするかもしれません。それを、話型をうまく使うことで相手に表現できるわけです。

しかし、そこで伝える中身をしっかり考えることが大切です。いわゆる「言葉遊び」にならないように、そして最終的には、生活を豊かにするための「生活化」が大事になってきます。

《書くことの四つの意味合い》

そこで、その中身を考える手だてとして、「書く」という行為を通して自分の考えなどを整理することが大切です。もちろん、書かなくても頭の中だけですぐに考えをまとめることができる能力を持った子もいるでしょうが、そうでないなら、書くことで考えをまとめることが必要です。

まず、書くことで自分の考えが整理されますし、発信するネタができるわけです。書き方は、文を書いていくのもいいし、単語を並べていくのもいいでしょう。そして、はじめのうちは、書いたものをそのまま読んで発言してもいいし、慣れてくれば書いたことをまとめて話すということもできるようになってきます。

これは、思考をまとめるために書くということで、このことも含めて、書く意味合いは次のように四つほどあると思います。

①日頃の出来事などを、書きとめたり文章に綴ったりする（作文・日記）
②物語などの文や文章の一部を、また優れた作品を視写する
③発表（発言）するために、考えてその内容を書きとめる（思考・発想）
④学習してわかったことを、整理してまとめるために書き記す

この中で①については「生活綴り方・日記」などとして、今までも取り組みをよくやってきたことでしょうし、②についても国語科の授業の中で「視写」を通して、優れた作品の表現に触れてきたりしています。③④については、理解したことを確認したり、思考したことを文章に表すというスキルで、今、改めて「書かせる」と言われているのはこの部分だと思います。このスキルを高めていくことで、思考したことを表せるようになり、子どもたちの表現力や表出する力が大きく伸びていく要素になると思います。

そして、この「書く力」とともに、話すパターンの「話型」を習得することで、子どもの中で、「思考」したことを「発言」していくという筋道をつけていく大きな力となるのです。

子どもの言語活動を伸ばす

平成24年7月4日

最近、盛んに「言語活動を活発にする」ということが言われています。もちろん、授業の中が中心でしょうが、本来は授業で得たものを日常の生活の中でも活用できる、いわゆる「生活化・日常化」ができることが大事なのです。究極は、生活の中で活用できるように、授業の中で力をつけていくのですから。

さて、今回の文部科学省による学習指導要領では、「生きる力を育むことを目指し、基礎的・基本的な知識及び技能を習得させ、これらを活用して課題を解決するのに必要な思考力、判断力、表現力等を育むとともに、主体的に学習に取り組む態度を養うため、言語活動を充実すること（要約）」としています。そして「言語活動」そのものについては、「言語は知的活動（論理や思考）の基盤であるとともに、コミュニケーションや感性・情緒の基盤でもあり、豊かな心を育む上でも、言語に関する能力を高めていくことが重要である」としています。

では、具体的に考えていきましょう。

コミュニケーション能力を高めていくということですから、決して一方的に自分の考えや思いを述べるということではなく、「伝え合い」です。お互いの考えや思いを双方向に伝達し合うわけです。ですから当然、「話す」や「書く」ということとともに、言語活動で最も基礎となる「聞く」という活動をどのように捉えるかが非常に重要になってきます。

しかし、この「聞く」ということは、ついおろそかになりがちです。私が学校訪問をしていろいろと見せていただくと、小学校の低学年では規律を徹底されているようですが、高学年になるに従ってあまりできていないのが実情です。まず第一に「姿勢」が悪いのです。授業中にしっかりと前を向けていない子が多くいます。足を少し横に出したり、椅子を斜めにしたり……。それを教師は、学年のはじめのうちに注意しなくてはいけません。これは学習の中身に入る前の段階の、基本的な学習規律のうちの一つですから、六月になるまでには当たり前のこととしてしっかりと子どもたちができていなければいけないことなのです。

次に、授業の中で言葉を大事に扱っているかということです。「誰が?」――もちろん指導者です。教師が丁寧な言葉で子どもたちに投げかけたり受けたりすることも、そのうちの一つです。私はいつも「授業中は丁寧な言葉で」と先生方に言っています。それと、子どもの発言・発表を丁寧に取り扱っているかということです。よくいるのが、手を挙げた子どもを指名したあと、その子が話しているのに黒板の方をサッと向いてしまって、書きながら後ろ姿で聞いている先生です。当てたのなら、その子の目を見てしっかりと聞いてやってほしいし、子どもが言い終わったら、「うまく答えられたよ」と目で合図を送ってやるようなこともすれば、答えた子はうれしいと思います。そんな先生の姿を見ていれば、他の子どもたちもだんだんと積極的に発言をするようになっていくかもしれません。

そして、例えば先生が発問をして四、五人の子が手を挙げたとしましょう。そのうちの一人を指名して、その子が発言をしたあとに、「そうですね、これは○○です」としてしまわない、ということです。その子の言ったことが正しかったとしても、一人の子の発言でクラスのみんながわかったようにしてしまうのはどうでしょうか？ せめて、「□□さんはそう思ったんですね」と評価して、手を挙げていた他の子にも、「じゃあ、△△さんはどうですか？」と訊ねてあげたらどうでしょう。

△△さんも同じ答なら困りますか？ それならば、子どもたちが「話型」を使えればいいのです。「私も□□さんと同じで、○○だと思いました」と話型を活かすでしょう。「そう、△△さんも同じなんですね。では、他のみんなはどうですか？」と投げかけたら、口々に「同じです」「一緒、一緒」と返事が来れば最高ですね。クラスの子の理解が共有できたわけですから。

もう一つ、授業の途中で子どもたちに何か指示する場合は、しっかりと先生の方を向かせてから話すようにしないといけません。つい、先に子どもたちに作業などを始めさせて、それをやらせながら後追いで指示する人がいますが、それでは子どもの耳にはあまり入りません。

今挙げたちょっとしたことの中にも、しっかりと「聞く」「話す」といった言語活動が含まれています。「聞く」ことを大切にすることで、次の「話す」や「書く」そして「読む」につながっていくと思います。そのためにも、教師は授業の中で自分の発する言葉も含めて、言葉を大切に扱うことと、自分の言葉・姿が、子どもたちの聞き方・話し方に大きく影響するということを意識する必要があります。ですから、子どもに対して、前述のような「後追いの説明」や、「必要以上に大きな声で話す」のは控えることです。大きな声で、なおかつ〝ため口〟でしゃべっていると、おそらく子どもはあまり聞かないでしょう。

そして、このような基礎的・基本的な事項の習得をもとに、次のステップの「根拠をもとにした発言、表現のあり方」を考えていくことができるのです。

小学校で以上のようなことをしっかりとマスターしておかないと、中学校になると難しいです。中学校から「話型」なんて言ってもなかなか無理でしょう。それに、中学生になれば〝照れ〟が生まれてきて、大きな声で正しく発言できにくくなります。ですから小学校の早いうちから、しっかり発言できる「話型」を当たり前のように身につけておくことが大事なのです。そして「書く」ことについてもしっかりとしておけば、「書く」という言語活動が役に立つと思います（「書くことの四つの意味合い」一一七頁参照）。

さて、中学生ですが、授業を見る限りでは、今の彼らの言語活動を活発にするのは、先生方も並大抵のことではないように感じます。小学校から積み上げて、一つずつやっていくべきことですが、中学生の場合は、授業の中では、

①椅子にしっかり座る
②姿勢を正して前を向く
③意識を持って話を聞く

この三段階を徹底的にやらないといけないでしょう。本来はできて当たり前のことなのですが、十分にできていません。そのためには、小学校・中学校の「基本的な学習規律」のようなものを、中学校区で統一をして、小学校から徹底してやることが望まれます。小学校から積み上げたものを受けて、中学校で子どもたちの言語活動の意識を高めていくことが大切です。

書くことを通して課題を見つける力をつける

平成24年9月26日

子どもたちの日常の生活の中には、さまざまな情報、事象や問題などが飛び交っています。それらをいかに取捨選択して、自分に必要なものを学力、ひいては生活の向上に役立てるようにするかは、非常に大切なことです。それを「学力をつける」という部分で少し考えてみました。

今、「言語活動を活発にする」取り組みは、どこの学校・園でも進めてもらっていると思います。これは、前項の「子どもの言語活動を伸ばす」でも書きましたが、言語活動といえばまず「話す」ことを考えてしまい、ややもすると「言語活動＝話す」となりがちですが、決してそれだけではありません。もちろん間違いではありませんが、それだけに限定できるものではないのは誰もが思っているところでしょう。それでも、どうしても「話す」ことに偏りがちになってしまいますが、書くことも、聞くことも、読むことも、言語活動として大切な部分です。どの分野においても常にそのことを気にかけてやっていけば、子どもたちの優れた力を発揮させることができます。

今回は「書く」ことをもとにして思考を練り、「言語活動」を活発にするということに迫ってみたいと思います。

以前、私が三宅小学校で高学年の学級担任をしていた頃のことですが、子どもたちに「日記」を書くことを宿題にしていました。そのとき、子どもたちには日記帳を二冊持たせていました。なぜ二冊かというと、一冊だと子どもたちが私に日記帳を提出すると、その日は日記を書けないからです。「それなら、子どもたちが学校にいる間に見て、返してやればいいじゃないか」と思うかもしれませんが、約四十人の日記帳に目を通すだけでも大変です。さらに、それに赤ペンで返事を書いて……なんていう時間は、子どもたちと一緒にいる間には到底ありません。その日すべてが終わってから職員室でゆっくり見て、持ち帰って返事を書く、それが楽しみでした。たぶん子どもたちも、自分の書いたことに担任がどんな返事を書いてくれるか楽しみでしょうから。ですから、二冊にすれば私も毎日、子どもたちの書いた日記を見ることができるし、子どもたちも毎日、日記を書けるし、私の返事も読めるわけです。

もちろん、高学年といえども、はじめのうちはわずか三〜四行しか書けない子もいました。でも、毎日書いて、毎日出してくれることが大事なのです。私も精一杯、赤ペンで返事の文を書きました。三行の子に倍ぐらいの返事を書くということもありました。それは、たどたどしく書いているのを見ると、たくさん返事を書いてやろうという気持ちになるからです。

はじめのうちは、毎日の日記に慣れないので、子どもたちも大変な思いだったでしょう。「毎日イヤやなあ……」と思った子も多かったかもしれません。私自身も毎日の四十冊は大変でした。しかし、慣れというのは恐ろしいというか、土曜日に日記帳を見終えてしまうと、日曜日には見る日記帳がないので、何か物足りないと感じることもありました。

子どもたちもだんだんと書くことが当たり前のようになっていったと思います。それにつれて書き方にも工夫が見られるようになったので、面白い題材、面白い中身、いい書き出し、うまい言い回しのものは「一枚文集」にして発行していました。そうしてみんなにいい文章を紹介すると、今度はその言い回しを真似て書ける子もいるし、みんなの前で誉められた子は一層工夫して書いてくるので、表現する力がうんと伸びたな、と感じることがよくありました。そうなると、それぞれの子どもが書く量も自然と増えていきます。こちらは読むのが大変になりますが、うれしい悲鳴です。

このように毎日書いていくと、それぞれが日々のなんでもないことに題材を見つけるようになります。もちろんはじめのうちは、「オレ、今度の休みはどこも行かへんから、書くことないわ」とか、「毎日やったら、書くこと同じや」といった声もあり大変でした。

でも、「行くとこあったら、書くことあり過ぎて困るよ」とか、「毎日同じこととしてるつもりでも、夕ご飯を食べてるときに出てくる話なんか、毎日違うよね。よく注意してたら書くこと、いっぱい耳に入ってきたりするよ」と言ったりしました。

そのうちに、自分が経験したことや、実際にあったことを切り取ってそのまま書けばいいのだ、ということがわかってきて、子どもたちも「何書こう……」と言うことがなくなってきました。すると今度は物事をしっかり見るようになってきて、そしてそれをみんなに文章で伝える力も不思議とついてくるのです。

中には、「この子、すごい感性が豊かやなあ」と思うこともしばしばありました。その一つに、メダカの話があります。学級でメダカを飼っていて、そのメダカがたくさん卵を産んだので、孵化した子メダカを子どもたちがそれぞれ持ち帰って、家で育てることになりました。その子は小さなビンに入れて持ち帰り、自分の机の上で飼っていたのですが、弟たちが暴れたときにビンをひっくり返してしまったのです。水があちこちにこぼれて、子メダカは小さいのでどこに行ったかわからない状態。泣きながら机の引き出しを開けると、引き出しのペンケースの中に、こぼれた水がわずかに溜まっていて、そこを泳ぐ数匹の子メダカを見て感動した、という話で、そのことをリアルに書いたのでした。

しかし、残念なことに私はその頃、子どもたちに「話型」をしっかりと指導していませんでした。もし、しっかりといくつかの話型を身につけさせていたなら、文章を書くことで「観察力」「思考力」がつくでしょうし、それを「話型」を使って伝え合うことも存分にでき、もっと感性を磨き合うことができたのではないかと思うのです。

書くことの意味合いは、一一四頁の「『話型』を考える」の項でも述べました。

- 日頃の出来事などを、書きとめたり文章に綴ったりする（作文・日記）
- 物語などの文や文章の一部を、また優れた作品を視写する
- 発表（発言）するために、考えてその内容を書きとめる（思考・発想）
- 学習してわかったことを、整理してまとめるために書き記す

ということですが、書く力を身につけ、話型を当たり前のように使えれば、「文章を読んだり、相手の話をしっかりと聞いて、そのことに対して『書く』ことで思考を練り、そこで考えられたことをうまく話型を使って伝え合う」といった流れが自然に生まれてくるのではないでしょうか。

「課題解決力」を具体的に考える

平成25年6月20日

「横断的・総合的な学習や探究的な学習を通して、自ら課題を見つけ、自ら学び、自ら考え、主体的に判断し、よりよく問題を解決する資質や能力を育成するとともに——」

この文言は、文部科学省による小学校学習指導要領の「総合的な学習の時間」の目標の一節です。では、子どもたちにとってこの「課題」とは何なのでしょうか？

今日の社会、子どもたちの周りには問題が山積し、情報が氾濫しています。特に情報機器は日進月歩で新しいものが次々に現れ、何かを知りたい、何かを調べたいというときにはすぐさま情報が得られる便利な状況です。言い換えれば、情報の多様化は凄まじいものがあり、一歩間違えれば大変なことに巻き込まれてしまうような恐ろしさもあり、その真っただ中に子どもたちは置かれているのです。

子どもたちにとっては、身近な情報として得たもののすべてが、果たして「課題」として取り組む価値があるものかどうかを一つ一つ点検して考えるだけでも気が遠くなるような話です。そうなると、やはりそれらを見極める「選択力」というものが大切になってきます。ですから、自ら「課題」を見つけるためには、まずはこの「選択する力」がつけられているかどうかが大事な部分です。

そのことをもう少し掘り下げて考えるならば、「問題意識」をしっかりと持つということにもつながってきます。問題意識のないまま物事に取り組むようでは、もちろん目的意識も生まれませんし、今の自分にとって何が課題なのかということを選択する意識自体もないわけです。

授業の中で言えば、問題意識を持たないということは、最初にその時間の課題を示されないまま、一時間の授業が進んでいくようなものです。何かをやっているのだけれど、何のためにやっているのかがわからないまま授業が進められていくのです。しかし、課題がしっかりとわかっていれば、その時間に何を考え、何を導き出せばいいのかがはっきりとします。ですから、この「課題を示す」ということは、「問題意識」をはっきりとさせて、「その中から解決すべきものを選択していく」ということでもあるのです。

子どもからすれば、はじめから課題を見つけることはなかなか難しいものがあります。ですから、まずは子どもに課題となるようなことを先生の方から示していくことが大事になります。その中から、今自分に一番課題となることを子どもに選択させて、選択力をつけるとともに、課題を見極める力もつけていけるのではないでしょうか。

では、課題を選択できたとして、その課題を解決していく力はどのようにつければいいのでしょうか？　それにはいくつかの要素があると思いますが、大きく三つ挙げたいと思います。

まず、今まで学習したものをしっかりと定着するだけの力をつけていることです。定着力が曖昧では、その知識などをもとにすることができません。今までにも私がよく言っている、「学習したこと、経験したことを引き出しにしまっておける力」です。学習したことが身についているといっても、それが何かのときに引き出されて役に立てられなければ意味がないのです。既習のことをきっちりと整理して、必要なときにそれを引き出してこられる「定着力」と言っておきましょう。

次に「見通しを立てる力」です。何事も、見通しもなくやみくもに突き進んでも解決にたどり着くことはなかなかできないでしょう。高度な話ですが、例えば算数・数学の学習で、「筋道を立てて、解き方を見つけ出す」ということ。これは確かに難しいことですが、算数・数学の学習における欠かせない要件の一つです。でも、普段から何事も筋道を立てて考えるばかりでは決してないでしょう。子どもは「直感」として物事を考える場合もあるのですから。本当はこの「直感」も大事なことで、これも併せて伸ばしていくことが必要だと思います。

そこでよく言われるのは、「推測する」力でしょう。筋道を立てるといっても、まずはおおよその考え方を導き出しておかないことには、どこから考えていくかの見通しも立ちません。ですから、先ほどの「直感」的な考え方もうまくミックスして考えを伸ばしていくことが必要なのです。

あともう一つは、「関係付ける力」です。今目の前にある課題と、これまで積み重ねてきた既習の内容の、どの部分が関連しているのかを見つける力と言うこともできます。そこでは、まず「根拠」を見つけて、その根拠を今の課題と関係付けていく力を養うのが非常に大事になるでしょう。

では、それらの力を身につけるためにはどうするのか、ということです。授業を通して考えてみたいと思います。

まず「定着力」ですが、これは学力の最低位の子どもをつくらないためには非常に重要なことです。そこで、低学年の段階から、新しい問題のたびにこれまでの学習を振り返る場面を設けることです。それは、あとで述べる「関係付ける力」の基礎ともつながることで、既習の事項を踏まえた中で新しい問題を解いていけるようにしていくということです。要するに「根拠をもとにした考え方」を大事にするということです。

次に、「見通しを立てる力」や「関係付ける力」ですが、ここで「比較力」ということが大切になってきます。見通しを立てるということは、「いくつかのものから選択して、どれかを決断する」ということでもあるわけですから、今まで得たものを根拠に、いくつかのものを比較して「取捨選択」をすることでもあります。物事を比較するためには、そうするための「根拠」を持っていなければならないのです。

そのような力をつけるためには、例えば同じ問題を与えられても、子どもが謎解きのように「ああでもない、こうでもない」と理詰めで考えていった結果、「やっぱりこれしかないよね」という結論になるのと、先生から「試験に出るから覚えておきなさい」と言われて覚えたのとでは、頭の中に残っているものが全然違います。ですから、一つのことを知識として手に入れ、それを定着させて引き出しにしまっておくためには、できるだけ「ああでもない、こうでもない」というプロセスを丁寧に体験し、作り出していくようにさせることが大切なのです。

学力と創造力

平成22年12月13日

平成十九年度から実施されている「全国学力学習実態調査」も今年度で四回目でした。これは学力の一部分を調査しているという位置付けですから、この結果によって各都道府県の子どもたちの学力をすべて語れるものではありませんし、ましてや能力全体にまで言及できるものではありません。数字で示されると、それだけを捉えて「○○県は上から何番目」とか「□□県は下から数えた方が早い」などいろいろと言われがちですが、本当は生活アンケートとの関連などもしっかり見据えて、子どもたちの今後の学力向上の糧にしていかなくては、せっかくの機会を生かせません。

一方、個人データについては、そのデータをもとに、その子がどの程度基礎的なことがわかっているのか、また理解しているのかということが、全体の数値と照らし合わせる中でわかるものです。ですから、子ども自身にとっても、自分の算数（数学）・国語の現状の力を知るいい機会だと言えるでしょう。これは各都道府県で同様のことが言えますので、しっかり分析して、学力向上を具体的に考えて取り組むよい材料にしたいものです。

さて、今、国はもちろん、各都道府県・市町村では、子どもたちの「学力向上」を目指して、さまざまな取り組みを進めています。それ以上に各学校では具体的な学力向上策を練って、実施してもらっていることだと思います。

学力向上というと、いろいろな取り組みを考えますし、最近は家庭学習の大事さも言われているため、家庭学習のあり方を考えたりもします。確かにそれらも非常に大切なことです。しかし、学力向上を目指すための基礎・基本は、なんと言っても「日々の授業に向き合う」ことでしょう。

「向き合う」わけですから、まずは教師が授業をどう組み立てていくのかが大事になってきます。もちろん、教材の精選や理解、指導方法や形態のあり方などは学校全体・学年で練っていくのですが、その授業に〝心〟や〝熱〟を吹き込むのは、授業を実際にする個々の教師です（その土台となる「生活習慣の確立」「学習規律の徹底」も不可欠ですが）。これは、私はよく「育つ苗木」のたとえでお話しするのですが、まず、子どもに与える〝栄養分〟が、学校全体・学年で考える指導方法・形態のあり方。〝肥料のやり方・与え方〟が各教師の指導の姿勢と力量です。加えて、「生活習慣の確立」「学習規律の徹底」が苗木を支える〝容器〟にあたります。容器の底が漏れているようではダメだということです。

先日あった市のＰＴＡ大会の挨拶では、私は子どもの学力向上をお寿司屋さんにたとえて、こんなふうにお話ししました。

「いくらいいネタ（食材）を仕入れてきても、それを握る職人さんが、お客さんの好みをよく考えてうまく握らなければ、お客さんが唸るような〝美味い寿司〟は提供できません。同じネタ（施策や取り組みの中身）でも、各職人さん（学校では教師）の握り方によって変わってくるのですから、寿司職人さんは美味しく握るために日々修業をされるわけです。そして、向き合う子どもは、お寿司を食べる側ですから、いい加減な態度で食べてほしくないです。それに、美味しく食べるには、お腹も適度に空かせて、美味しいお寿司を食べるのを楽しみにして来てくれないとね。『今日はホントは中華料理がよかったのに……』なんて気持ちで来られたらたまりません。この両者がうまく向き合ってこそ、納得のいくものが提供されて、美味しく食べられるですから、朝食をしっかりと食べさせるなどをはじめとして、家庭の協力が必要です」

教師は授業で「目標・めあて」をしっかり持って、子どもたちがその学習をすることに必然性を持てるような指導で授業に向かわせる。そして授業の課題をみんなで確かめる。子どもは積極的にわかろうとして授業に食いつく。教師は時として揺さぶりをかけて、子どもたちの発想を豊かにしていく。そして、課題の解決をみんなで確認する。

（そのためには、教師の事前の準備が必要ですし、自分の筋書きどおりに走ろうとしない際のゆとりも必要です。一方、子どもの側も朝ご飯をしっかり食べて、脳が働く状態にし

ておく必要があります）

そんな場面がある授業であれば、自然と盛り上がり、学力もついてくるでしょう。また、そのような授業の中で得たものは、子どもたちの「引き出し」にしまい込まれて、次に引き出す機会があるのを待っていると思います。

今「引き出し」と書きましたが、「引き出し」とは、単に暗記するということだけではなく、覚えたこと・体験したこと・考えたことを頭にしまっておくということです。ある本によりますと、記憶したことは頭の中の「側頭葉」というところに蓄えられるらしいのです。それを引き出したい（思い出したい）ときには、「前頭葉」からリクエストが出てデータを引き出してくるというプロセスだそうです。この「引き出す→思い出す」というプロセスが、私たちがいろいろなアイデアを考えたりするときの〝ひらめく〟プロセスと似ていて、脳の中では同じような作業をしているということです。ここで言われている〝ひらめく〟ことは、仕事面での戦略的なことやアイデアなのかもしれませんが、子どもの学力の向上にも大いに関係があるように私は感じました。

また、人は誰でも今まで経験したことや覚えたことなどを思い出す作業をするときには、過去の記憶をそのまま引っ張り出してきているのではなく、「こういうものがほしい」というリクエストを出して、それに合わせて過去の体験のアーカイブ（複数のファイルを圧縮して一個にまとめるというコンピュータ用語）から、リクエストに一番近いものを引っ張り出す仕組みなのだそうです。言われてみれば確かにそうかもしれません。全く何もないところからいい発想など生まれませんよね。思い出すということは、「ああ、そうやんか。あのときやったことと同じやなあ。だったらこれもそうしたらいいんかな?」「前にやったことに少し工夫したら、面白いものができるかな?」と考えることかもしれません。つまり、引き出しにしまっていたものをうまく引き出すことで、単に思い出すだけではなく、今直面している課題を解決したり、何か別のことを創造したりすることもできるようになるのでしょう。

「覚える」「繰り返し練習する」といった単純な経験は、それだけで終わらせずに、自分の「引き出し」にしまい込めることが大事で、そのあとはそれを引き出してくることによって、豊かな創造力が生まれるのだと思います。それがしっかりとした「学力」となって身についていくのでしょう。

その根本は、なんといっても授業で「学習の必然性」を子どもたちに持たせられるかどうかということではないでしょうか。そんな学習意欲を湧かせるような動機付けのできる授業を目指したいものです。

毎日の授業、子どものことを考えて

平成28年9月12日

授業の様子を見ていて、子どもたちが締め付けられているわけでもないのに、きっちりと内容が進められているのを見るとホッとします。なぜなら、その中で先生自身がゆとりを持ってやっておられることがうかがえるからです。ゆとりを持って授業を進めることができると、先生自身が子どもの側に立ったものの見方や考え方ができるので、見ていても落ち着きます。そんなときには、空いている席があれば、ちょっと座って授業を聞いていたい気持ちになります。

反対に教師自身にゆとりがなく、次々と進めているような授業は、教師が一人で構成していくので、見ていてもあまり面白みがありません。ゆとりなく進めてしまった理由はいろいろと考えられます。「教材研究が十分でなく、指導案もあまり考えられてなくて、ぶっつけ本番のような状態で授業に臨んでしまった」「授業を見てもらっていたので、いつもより焦ってしまった」「子どものことをまだ十分につかんでいない」「新任なので、まだ授業の流し方に慣れていない」など、挙げればきりがありません。

でも、このようなレベルどころではなく、もっとひどい授業をしている先生はいないでしょうか？　ベテランでも若手でも同じなのですが、時として、いや日常的にかもしれませんが、何の準備もなく授業に臨んでいるというようなことはないでしょうか？「何の準備もなく」というのは、教材研究はもちろんのこと、当然、指導案は全く書かずに（略案も）、その授業の一時間の流れもイメージせずに、準備物の用意もなく、授業が始まって子どもたちの前に立ち、「えーと、今日は何するんだったかな？」と、そんなふうに授業をしている先生、いませんか？　本当にいませんか？

しかし、悲しいかなこのような状態であっても一応は授業を進められるのです。悪く言えば一時間持たすことはできるのです。もちろん子どもたちは、この時間は何をしたらいいのかわからずに「？？？」と思っているでしょうが。

私は特に小学校の体育でそれを感じたことがよくありました。クラス数の多い時代は二、三クラスが同時に運動場で体育の授業をすることがありました。私が体育の授業をしていて、他の学年や他の組が運動場の反対側などで授業をやっているのをふと見ると、一時間中「ドッジボール」をやっていたということがありました。「え？　これって体育の授業をしてるの？」と思ってしまいました。先生は腕を組んでそれを眺め、子どもたちの様子を見て評価でもしているのか、ノートを開いて何やらつけてもいました。一時間中、子どもにドッジボールをさせて、どんな教材研究をして、どんな指導の流れを考えているでしょうか？　子どもたちはそれなりに喜んでいたようですが、それはほんの一部の子で、あとはコートの隅っこを逃げ回っているだけです。今考えると、その教師は、体育の時間に何をさせたらいいのかよくわかってなかったのかな、と思います。今はこのようなことは本当にないでしょうか？

　体育に限らず、他の教科でもそうかもしれません。毎時間の毎教科の指導案を作って授業に臨むことはできないとしても、少なくとも子どもの実態を十分に頭に入れながら一時間の流れをイメージするとか、導入をどのようにしようかとか、その時間の課題をどう意識させようかとか、最低限その程度は考えて授業に臨まないと、一時間をうまく使えないでしょう。第一それでは子どもに悪いでしょう。だって、そのような状態では、子どもに学習への意欲や満足感を十分に与えることができないでしょうから。

　ひょっとしたら、新任や講師、若手の先生方の中には、本当に毎時間授業の中で何をどうしたらいいかわからないという人がいるのではないですか？　そういう人は、指導案も書けてはいないでしょうし、当然たいした教材研究もしていないでしょう。ただ毎日、毎時間が過ぎていくだけで、それでは子どもたちも授業に乗ってはこないでしょうから、焦りも出てくるでしょう。そうなると、どうしても子どもたちに対して威圧的になったり、怒ったりすることが増えてきます。先生が気分的に滅入ってしまうこともあるでしょう。

もちろん、経験の浅い人には教育アドバイザーの先生や先輩の先生方、そして管理職の先生方もおられますが、なかなか訊きにくかったり、何を訊いたらいいかわからないという人もいることでしょう。でも、何をどうしたらいいのかわからないまま授業を重ねてもどうしようもありません。ますます焦る気持ちが態度に表れ、子どもたちもそれを敏感に感じ取るようになります。クラス担任をしていれば、授業で子どもたちがこちらを向かなくなれば、学級経営もうまくいかなくなります。本当に悪循環です。今、まさにそんな経験をしている人もいるかもしれません。それでも今までどおり、毎日、毎時間を過ごしていくとしたら、どうでしょう?「あなたの周りに、話を聞いてくれそうな人はいないのですか?」と、そう訊きたくなります。

教育は個々の教師の力量やセンスが大きくものをいうのは確かです。でも、学校は個人商店の集まりではないのですから、他の先生たちとお互いに刺激し合い、助け合い、協力し合って、組織的に動いていかなくてはなりません。そういう意味で、ベテラン・中堅の先生方は、周りで苦しんでいる、また指導がうまくいかずに滅入っている若手がいないかどうかを、注意深く見てほしいと思います。そして、そんな人がいたら一緒に伸びていく手立てを考えてほしいと思います。それでこそ「教師集団」と言えます。

私たちは、子どもたちには「集団づくり」「仲間づくり」と言って指導しているわけですから、教師たちも、ぜひとも組織として動ける「教師集団づくり」にしっかりと力を出してほしいものです。

第三章

子どもたちにとってよい教師になるために

教師に必要な「三つの力」

平成22年5月17日

「教師は授業で勝負だ。授業が上手になればいいんだ」

この考え方は、ある意味で当たっています。でも、それだけでは十分ではないと思います。確かに指導力（授業力も含めて）がなければ教師として話になりませんが、逆にそれだけでいいのでしょうか？

授業をやらせれば抜群な先生の中にも、会議や研修などの開始時間に遅刻したり、提出物がいつも期限内に出されていなかったりといったこともあるでしょうし、いい発想をするのに周りの人のことを考えずに自分のペースだけでやっている人もいるでしょう。しかし、園や学校は「組織体」として取り組むことが重要です。自分のカラーを出しながらも、きっちりとお互いが協力体制を作って〝補完〟し合うことが必要なのです。

では、指導力をはじめ、教師としては他にどのような力が必要なのでしょうか？

これは私が、「教師に必要な三つの力」として、いろいろな機会に言っていることです。

①指導力（教科指導・生徒指導をはじめ、すべてにわたる指導の力）

②処理力（処理能力。文書処理や時間を守るなど、きちんとやれる能力）
③対応力（子ども・保護者などへの、その都度の対応、危機管理などの力）
この三つの力を、教師としてしっかりと備えておく必要があります。

①指導力

これは、まず「ON・OFFのけじめをつけた子どもへの接し方」ができているかということで、授業中でも休み時間でも、いつも同じようなペースで子どもと接しないということです。そうしてしまうと〝なれあい〟の学級や授業になりかねません。なれあいの学級づくりは、以前新聞記事にも載っていたのですが、いじめが多発するような状況が生まれがちです。授業中と休み時間の違いを、はっきりとつけることです。教師は休み時間には子どもと友だち的な感覚で話していても、授業になったらけじめをつけて臨むような態度・言葉遣いが必要です。仮に休み時間は生徒を「恵子！」と呼んでいたとしても、授業ではきっちりと「青木さん」と呼ぶべきです。〝ため口〟でしゃべることで子どもとの関係が作れていると錯覚しないことです。

次に、「子どもの人権を考えて指導する」ことができたかということも重要です。

クラスみんなを平等に扱うのは当たり前のことです。しかしそれは「一律平等」ということとは違います。例えば百個のミカンを九人に分けるとしたら、どう分けますか？　一人に十一個ずつ配って、残った一個も九等分するか、それとも欲しいと手を挙げた子に渡すか。でも、まだ他にも方法はあるはずです。九人に十個ずつ配って、あとは担任が持っておく。そして、配った十個ではどうしても足りない、もう少しわけてあげないといけなくなった子には、その子の状況に応じていくつかあげる。これも一つの方法です。もちろん、いくつずつ配って、いくつ手元に残すかは、そのクラスの状況や担任の力量にもよります。

最後は、「経験からだけではなく、しっかりとした指導を」ということです。教師は自分の経験に基づいて指導をすることがよくあります。それは常に間違っているわけではありませんが、昔に経験したことだけをもとにやってしまうと、実はその経験自体が、長い間、間違えて捉えてきたものだったということもあります。例えば子どもの頃に漢字を間違えて覚えたために、大人になっても気づかないでそのまま子どもに教えている、といったこともあります。

②処理力

処理（能）力が不足がちな人は、提出物が期限までに出せなかったり、会議や研修会の時間には必ずと言っていいほど遅れてきます。そして遅刻の言い訳には、「子どもを残していたので……」と言うのです。そんなとき私は、「君だけじゃなく、みんなも本当はそうしたいんだよ」と言い返したいと思うほどです。また、帳尻合わせが苦手で、「学年当初に決めたことを、学期末や学年末になって、時間がないからと取りやめてしまったりする」というような場当たり的なこともしがちです。「処理力」をつけるのは、簡単なようでなかなか難しいのです。

③対応力

例として、私が以前行った牛丼屋さんの話をします。夜に食べに行くと、店員は若い男女一人ずつでした。客は三、四名ほどで混み合っているわけではありませんでしたが、カウンターには食べたあとの丼がいくつか残っているのがやたらと目につきました。そういう状態は見た目によくなく、食べるのに目障りです。店員の様子をよく見ていると、その原因がわかりました。注文を聞きにきた女性店員が、そのついでに私の前にあった空いた丼を片づけて持っていってくれたのはいいのですが、他のところの丼もまとめて持っていくことはしなかったのです。そして、私が注文した牛丼を持ってきて、戻るときにもやはり近くにある丼を下げませんでした。あとから他の客が来ても、その客の前にある空の丼だけは下げるのですが、それ以外は一向に片づける気配がありません。きっとその店員は、見ているようでそれらの丼が見えていないのでしょう。ですから、いわば「自転車操業」のようなもので、カウンターの上の丼の数は、増えない代わりに減りもしないのです。それでいて女性店員は、さも一生懸命に仕事をしているような顔と動きをしています。きっと自分ではそう思っているのでしょう。一方、厨房にいる男性店員も、牛丼を作りつつ、女性店員がレジをしているときは牛丼を客のところまで運んでいました。でも、彼も女性店員と同じで、戻るときに空いた丼を片づける気配はありませんでした。

もしもこの二人が学校の教師で、同学年の担任を組んだとしたら大変だろうなと思いました。このような場面は、どちらかのちょっとした機転で十分に解決されるのです。でもこの二人は、それぞれが自分はしっかりとやっていると思っていても、空回りしていて、思うように事が進んでいないのです。学校だと、「自分はこんなに遅くまで一生懸命に頑張ってるのに……」と、遅くまで仕事をしている原因を他に探してしまうことだってあり得ます。それが「うちのクラスの子どもが悪いからだ」なんてことになったら大変です。

対応力や応用力が不足していると、何でも本当にうまくいきません。こんな場合、ちょっと周りの者が気を利かせてアドバイスをしてあげることも大事です。

さて、①の指導力は、これから先も力をつけたいと思って頑張れば、いくらでもつけることができます。ですから一つ一つ積み重ねる〝スタンプカード〟のようなものです。しかし、②の処理力と③の対応力は、できるだけ若いうちに意識して身につけておかないと、経験を積み重ねたからといってつくものではありません。ですから、これらは〝会員カード〟だと言うことができます。特に若い先生方は、頑張って今のうちに②③の会員カードをきっちりとゲットしておいてほしいと思います。

若い先生たちへ

平成23年12月9日

平成二年度に、松原市立天美南小学校に新規採用の男性教員が一名入ってきました。これが、初任者制度が始まって松原市での最初の初任者教員です。はじめてのことなので、「指導教員」をどうするかということで、教頭先生がその任に当たられたように記憶していま す。そのときの初任者教員も、今は松原市教育委員会の指導主事として頑張っています。そして、その年以後、順次三、四名の初任者が松原市立の各小学校・中学校に配置されるようになり、団塊の世代の退職と相まって、徐々にその人数も増え、現在に至っています。その頃、指導主事だった私は、研修などの連絡調整に、そして少しは指導にも学校を回ったことを覚えています。

さて、松原市の小学校・中学校の管理職＋教諭の人数は、二〜三年前は五十代（六十代の再任用の方も含む）の人数と、二十代の人数がだいたい同じでした。ですから、今年は当然二十代が多くなっているだろうと思って調べてみますと、小学校では二十代が全体の二二・九％で、五十代は三七・五％でした（中学校もほぼ同じで、二二・七％と三九・九％）。「あれ？　どうして二十代が少ないのかな」と思ったのですが、よく考えると、三年前には二十代でも、この三年で三十代になっている人が多くいることにはたと気がつきました。

もちろん、当時の五十代も三年の間に退職される人がいて少なくなっているわけですが、その分、四十代の人たちが五十代になっているわけで、訳がわからなくなってしまったので、結局三十代前半の人数も調べてみました。そうすると、二十代と変わらないほどの二一・四％（中学校では一四・二％）だということがわかりました。「そうか、数年前にかなり大挙して入ってきた新任が、ここの中にいるんだ」とわかったのです。

ですから、二十代と三十代前半の人数を加えて五十代と比較すると、「四四・三％対三七・五％」となり、確かに小学校では若い人たちの方が多くなります（中学校では三六・九％対三九・九％）。もちろん、この中には講師の先生たちの数は含んでいませんので、それを加えたら断然、若い先生方の数が多いことになります。

初任者の先生方には、「初任者研修」として毎年一年間、みっちりと研修を受けてもらっています。学習指導（授業づくりなど）、集団づくりを含めた人権教育、支援教育、そして健康・安全指導、学級経営、生徒指導など、さまざまな分野での研修が、府・市、各々の主催で行われています。また、校内でも指導教員を中心とする指導・助言のもと、指導計画を立てて、年間三百時間程度の研修が行われています。これは週にすると十時間ほどになりますが、週十時間というのはかなりのものです。しかし、それだけで十分だと考えている人は決していないと思います。

そんな中で、「教師」という職は、なったその日から子どもや保護者をはじめ、さまざまな方から「先生」と呼ばれます。三十年のベテラン教師も、一年目の教師も、同じ「先生」なのです。その重みを感じないといけません。

そこで若い先生方には、「教師に必要な『三つの力』」（一四六頁参照）について書きましたが、「指導力」についてはやる気さえあればいつになっても向上するもので、若いうちしかつかないなんてことはありません。要はあとの二つ、「処理（能）力」と「対応力」をできるだけ早くつけておくことです。

「処理力」については、

- 会議や研修などの開始時刻に遅れない。時間制限のあるものは、終了時刻も意識しておく
- 提出の期限のある書類などは、期日をしっかりと守る
- 人と約束したことは破らない。仮に実行できなくなったときには、前もってその旨を伝える（特に子どもとの約束はそうあるべき）
- 常に帳尻合わせをするだけでは向上は望めないが、その帳尻合わせも時として必要な

場合もある。それすらできないようでは困るといったようなことでしょうか。これは対人関係において「当てにできる」かどうかの大事な部分だと思います。

次に「対応力」ですが、「教師に必要な三つの力」では牛丼屋さんの話を例に出しましたが、要するにその場その場で「機転」が利かせられるかどうかがポイントです。「気が利く」「よく配慮ができる」「その場をうまく処理できる」「相手の気持ちをうまく読み取る」といったことです。その反対は「一つも気が利かない」「ちゃんと配慮できない」「その場の空気が読み取れない」ということになります。

こういったことはなかなか研修をしてもらえないし、勉強して身につくものでもないので、難しいことなのです。決して「持って生まれたもの」とは思いませんが、今まで育ってきた環境、親や周りの価値観、そういったものが重なり合ってできたものでしょうから、自分には対応力があまりないと感じる人は、意識して身につけるようにしなくてはなりません。

それと、対応力には服装のことも関係してきます。この夏の市の研修会では、「ハーフパンツにゾウリ姿」の教師がいたことにガッカリしました。この教師たちは「ＴＰＯ」ということを知らないのかと。「仮にも松原の教師たちの集まる研修会、それなりの格好をしてこいよ」と、そんな思いでした。これも場を見極める「対応力」の問題です。

このように、対応力は教師としては非常に重要なことなのです。特に子どもたちの日々の指導は、教師に対応力がしっかり備わっているか否かで結果が大きく違ってきます。例えば、クラスで問題があって指導をしていて、声なき信号を送っていた子どもがいたとしても、単にその問題の事象にだけ目をやり、「子どものその場面での気持ちや思い」を読み取れなければ、当該の子どもは悶々とした時を過ごさなければならないといった状況にもなります。また、学級で活動する場面でも、子どものちょっとした動きなどに気づいて、配慮ある言葉かけをすることによって、その子が伸びることもあります。気づかずにそのまま見過ごされたために、その子の自尊感情を伸ばしてやれなかったということもあるかもしれません。

対応力は、若い教師は周りのいい手本になっている先輩教師をしっかりと見て、学び取っていくしかありません。前述したように、「処理力」「対応力」は、「指導力」と違って必ずしも年齢や経験を重ねたらつくというものではありません。本当に若いうちにしっかりと身につけて、〝会員カード〟を取得して、自信を持って進んでくれることを期待します。

はじめから満足にできるわけがない

平成25年2月12日

ここ数年、団塊の世代の先生方が次々に退職され、交代にたくさんの若い先生方がこの松原市にも入ってきています。今では二十代の先生方の数が一番多くなっています。若い先生が多くなったということは、子どもたちにとってはうれしいことで、どの学年の子どもたちにも、「若い先生」というだけで大きな魅力になります。

しかし、それは必ずしもいいことばかりではなく「諸刃の剣」で、一歩間違えば魅力が一転して問題点となってしまいかねません。例えば、子どもと年齢的に近いということを意識するあまり、授業の中でも子どもたちに対してつい〝ため口〟になってしまうと、はじめのうちは子どもも自分たちを友だちのように親しく扱ってくれているのだと喜びますが、次第にそれが慣れになってきて、授業での緊張感が薄らぎ、締まりのない授業になってしまいます。以前に新聞で読んだのですが、担任が子どもに〝ため口〟で話す学級ほど崩壊しやすいというデータもあるほどですので、気をつけないといけません。

さて、初任の先生方をはじめ、経験年数の浅い人、もちろん講師の先生方も、よく考えてほしいのです。当たり前のことですが、経験年数が浅かろうがベテランであろうが、まして教諭であろうが講師であろうが、まず関係なく、どの人も子どもたちの前に立ったそのときから、子どもにはもちろん、保護者や地域のすべての方々に「先生」と呼ばれます。初めて呼ばれたときには、うれしいような恥ずかしいような感覚があったでしょう。しかし、「先生と呼ばれる責任は重い」ということをしっかりと実感する必要があります。それに、「まず関係なく」と言ったのには意味があります。全く関係ない、ということではないからです。子どもたちは「先生」と呼びますが、そこには面と向かっては言わなくても、子どもたちの心の中では「〇〇な先生」と、先生の前には〝修飾語〟が付くのです。当然、保護者なども同様です。例えば「新任の先生」「ベテランの先生」「怖い先生」「面白い先生」「授業がうまい先生」「声の大きな先生」「すぐに怒る先生」「授業がわかりにくい先生」「背の高い先生」……挙げればきりがありません。

この中には、「背の高い」といったような本人には変えようのないものもありますが、その他は別で、例えば「新任」は月日が経てば中堅やベテランになります。このように、先生の前に付く修飾語は皆、子どもたちがその先生に接しての主観のようなものですし、これから先、教師自身がそれを自覚して変えていこうと思えば可能なことです。「授業がわかりにくい先生」も、いろいろな創意工夫で「授業がうまい先生」になれますし、「すぐに怒る先生」も「話をよく聞いてくれる先生」に変身できるはずです。それを、向上心もなく「先生」と呼ばれることに胡坐をかいているようでは、そのうち子どもたちに見破られ、下に見られることにもなりかねません。

以前、実際に聞いた話なのですが、ある新任の先生が発想を豊かに考えていろいろと取り組もうとしました。この先生、若いこともあり、子どもと年齢が近いことをメリットと考えて、授業でも「友だち感覚」で臨んでいました。すると、はじめのうちはよかったのですが、だんだんと子どもに押されて、学級の指導もなかなか難しくなってしまいました。するとと次第に子どもたちに下に見られてしまうような場面も出てきて、中には授業中に勝手に発言したり、担任の言うことに反発したりする子も出てきたのです。それに、一年目ということもあって、他の先生に相談したりすることもなく、わからないまま自分のやりたいようにやっていて、最後には誰にも相談できない状態になり、どうしていったらいいのかと、ずいぶん困っていたようです。ですから、一年目は反省することばかりだったといいます。

このように、若いときは発想は豊かなのですが、なかなか見通しが立たないことが多いものです。「それでもうまくいったよ」という人は、それはたまたまの話で、普通はやったことがないことを、見通しもつけずに自分の思いどおりにやっていくのは難しいものがあります。
しかし、先ほどの新任の先生は、次の年は同じ学年の担任になったベテランの先生のやり方を、自分なりに真似てみよう（取り入れてみよう）と考えました。そっくりそのままではなくても、自分が「いいな」と思った部分をできるだけ取り入れてみようと思ったのです。もちろん、そのベテランの先生も若い先生のそんな気持ちを十分にわかって、力を貸そうと考えてくれたようで、学年全体でできそうな取り組みをどんどん提案して、できるだけ一緒にやっていくようにしてくれました。二クラスの学年でしたので、二人が相談してやっていけたのです。若い先生は、自分たち教師の考えていることに、子どもたちが徐々に自ら取り組んでいこうとしている姿勢を感じ取って、少しずつ自信も出てきました。新任一年目の去年とは大違いです。

きっと、二年目の一年間はこの先生にとって得るものが大きかったでしょうが、それは一年目の失敗を生かしたことがよかったわけです。それを十分に振り返らずに同じようにやっていたとしたら、一年目と同じような挫折感を味わって、ひょっとしたら教師を辞めてしまいたいと思ったかもしれません。

もちろん、人によってははじめからうまくいく場合もあるでしょうが、必ずしもそうとは限りません。うまくいかずに悩むことはむしろ当たり前で、失敗を重ねてこそ、よりよいものが生まれてくるのです。ノーベル賞を受賞された「ｉＰＳ細胞」開発の京都大学の山中伸弥教授も、「九回失敗しないと一回の成功は手に入らない」とおっしゃっているくらいです。教育の世界も同じだと思います。

要は失敗を次にどう生かすか、ということが大事なのです。それを振り返ることもなく、ただがむしゃらに「下手な鉄砲も数撃ちゃ当たる」的になんの反省もしないで、毎回同じようなことを繰り返してやっていてもダメでしょう。それに付き合わされる子どもたちが悲劇です。

「はじめから満足にできるわけがない」、そう思ってやることは大事ですが、その失敗をうまく次に生かして積み上げていくところによさがあるのです。特に六年目までの経験の浅い先生方（一校目という意味）に対しては、「次の二校目の学校へは、どうか積み上げた成果、そして力量を持っていって頑張ってほしい」と思うのです。

ボールは投げ方次第で……

平成24年1月10日

子どもの言動は「真似」から始まることが多いのですが、特に小さい子どもたちは何の抵抗もなく、いいことも悪いことも周りの人の真似をします。家にあっては親や兄姉、そして祖父母など、一緒に生活する人たちのやっていることをいつの間にか同じようにしていることがよくあります。お兄ちゃんが持っているものを同じように欲しがったり、親の言ったことを意味もわからず覚えて言ってみたりすることはよく見かける光景です。

そして幼稚園・保育所では、先生のことはもちろん、年上の子たちの様子もしっかりと見て、ため込んで、そして表出していきます。例えば、幼稚園で大きい組さんがやっている高度なことをあこがれを持って見ていて、次に自分が大きい組になると同じように挑戦したりする姿は頼もしいものです。

小学校でも低学年はクラスの友だちの様子をよく見ていて、同じようにしたがりますし、先生がクラスの子どもたちに語りかける口調と同じように子どもたちも友だちに話していて、時として教師は自分の無意識のうちに発している言葉にドキッとさせられることもあるでしょう。

中学校においては、部活などで先輩のやっていることにあこがれを持ったり、尊敬したりして、そうしたい、そうなりたいという思いで頑張る様子もあります。しかし反面、小学校の高学年からは、自分の考えが徐々にはっきりしてくるので、先生や親といった「大人」のすること・言うことを見聞きして、自分の考えに合わなかったり、納得できなかったりする場合は、その事柄に対して批判的になったり、反発する様子も出てくることも確かです。時として相手自身を否定的に見てしまったり、ひどいときは大人全体に批判的な目を向けることさえあります。

そこで、学校の場面を捉えて考えてみると、やはり教師の影響は大きいものがあります。小学校の高学年ともなれば、子どもたちは朝から夕方まで担任の先生と一緒に生活をしているのですから、自然と影響を受けるのは当たり前のことなのです。前述のように、子どもの「語り口調」を聞いていると、担任と同じような感じになっていることに気づきます。私が担任をしていた頃のことですが、放課後学習（算数）で早くできた人は帰ってもいい、というふうにしていたのですが、早く終わった子が先に帰らず、わからない子に教えてあげているのです。机の横に膝を折ってしゃがみ、机の位置に顔を近付けて、ノートを指差しながら教えています。確かに、人に教えるともう一度自分自身が理解できるのでいいという場合もあり、有効だと思います。それで、どんなふうにやっているのかと、近寄って

さりげなく様子を見ていると、

「な、ここはこうやからね。うん、そうそう、それでいいねん。わかったかぁ？」

という子どもの言い方を聞いて「ドキッ！」とさせられました。その子は私が個別指導をしているときと同じような語り口で教えているのです。

「ああ、自分は確かにこんなふうにして教えているんだなあ」と、改めに認識するとともに、見ていておかしくなってきて、心の中で笑ってしまいました。

また、私がテストなどに「赤ペン」で丸をつけているのにあこがれて、家で妹たちにテストをさせ、それに赤ペンで丸をつけるのだけれど、「先生のようにうまく形がとれない、」と言ってました」と、懇談のときに笑いながら話してくれた親もいました。子どもたちはそれくらい教師のことをよく見ているので、自分のやっていることが彼らにどう影響するのかと、少し怖い感じがしました。

このように、大なり小なり、教師という存在は子どもが真似をしたい対象であったり、目標であったりするのです。最近、私がしつこいくらいに言っている、「授業での丁寧な言葉遣い」は、その最も顕著なものかもしれません。授業での教師の「ため口」や「友だち感覚のしゃべり」は、子どもへの「親しい感覚の表れ」と捉えがちですが、やはり「教える側」と「学習する側」の立場ははっきりしているわけです。それを同じレベルでしゃべってしまうと、子どもたちも当然そのような「ため感覚」で聞くしかないのです。そうなれば、当然子どもたちの授業の中での発言も「ため口」になってしまいます。また、態度そのものもそうなってくるのです。そうすれば、教室はダラけた空気となり、ひどくなれば授業中に人の話を聞かない、横を向いてしゃべってしまう、机に伏せて寝てしまう、とエスカレートしていくことがあります。

松原市の学校では、今はほとんどの授業で「教師の丁寧な言葉遣い」で、きっちりした授業がなされているだろうと思っています。子どもたちの学力を上げるのに、いろいろな取り組みや授業の手法、形態を考えてやってもらっていますが、その土台には、授業を受ける側（児童・生徒）にしっかりと前を向いて授業を受ける（聴く）態勢がとれるということがなくては、そのようないろいろな工夫も十分に実を結ばないと思います。

そうするためにも、まずは教師が子どもたち一人一人の人格を認め、丁寧な対応をすることから始まるのではないでしょうか。特に授業の中では「丁寧な言葉」で子どもたちをしっかりと学習に導いてほしいと思います。もちろん、その分、休み時間には子どもたちと一緒になって遊んだり、しゃべったり、同じ目線で活動したりできれば最高です。その切り替えは難しい面もないとは言いませんが、頑張ってやってほしいところです。

壁に「丁寧にボールを投げる」と、それに応えて「丁寧なボールが返ってくる」でしょう。しかし、荒っぽく投げてしまうと、荒っぽいボールしか返ってこないのです。

子どもへの声のかけ方

平成24年12月7日

子どもへの日常的な声かけは、子どもとのつながりを密にするためには大切ですし、子どもを認識してやる意味でも大事な方法です。そんな多くの子どもへの声かけとともに、特定の子への声かけのあり方も、その子を活かすのに大切です。

人間は誰しもそうでしょうが、他人に自分自身の問題点をことさら批難されたり、また無視されたりするのはつらいことです。子どもでも大人でも、「人は認められてこそ伸びる」ということは、私が文章を通じて先生方によく伝えているところです。

最近の風潮としても、「誉めて育てる」ことが大事だと言われています。確かに「誉める」ことで子どもたち、いや大人だって伸びるのですが、常に「誉める」だけでいいのでしょうか？　もちろん、実際に誉めるような事柄があるのなら、それを上手く誉めてやるのは大事なことですが、わざわざ誉めることを探してまで誉める必要もないでしょうし、ましてや「何でもいいふうに見て、誉めておけばいい」というようなやり方は、度が過ぎれば相手を増長させてしまう結果になりかねません。

では、どう考えればいいのでしょうか？

誉めることは大事ですが、誉めることも含めて、その子の行動を「気にかけてるよ」、また「認めてるよ」という、ちょっとした声かけや信号を送ってやることが大事なのではないでしょうか。ここで一つの例を出します。

クラスの中で家庭的に課題がある子がいたとします。生活も不摂生になりがちですが、そういう中でもとりあえず頑張っています。しかし、家庭に帰るとどうしても基本的生活習慣の乱れがあり、よく学校に遅れてくることがあります。その子の生活のしんどさを、担任としてはクラスの中でなかなか出しにくい状況もあり、その子をクラスにどう位置付けようかと悩んでいたとします。もちろん、クラスの中にはその子以外にも生活や家庭的に課題のある子は他にも何人かいるのですが……。

そんな状況の中、その日も一時間目が始まってしばらくしてから登校してきました。そのとき、担任はどう声かけをしますか？　次のうちから一番近いものを選ぶとしたらどれでしょうか。

①いやー、早く来たね、えらい、えらい。よう頑張って来たねぇ。えらかったよ、頑張った。

②惜しかったねぇ。もうちょっとだけ早かったら間に合ったのにね。明日もこの調子で

頑張ろ。

③また遅れて来たの！　あかんね。もっと頑張って早く起きないとね。みんなは遅れてないやろ？

さあ、どうでしょう。三択です。とにかく声かけは必要です。授業の途中で遅れてきた子に何も言わないで授業を進めることはないでしょう。何か声をかけますよね。そうしないと、本人も無視された感覚になるし、他の子も、「遅れてきた子に、先生はどうして何も言わないんだろう?」と思うでしょう。

しかし肝心なのは、その声のかけ方です。この子を元気づける意味で、①のように声かけをする人が多いかもしれません。でも、クラスの中で同じようなしんどさを持ちながらも、なんとか頑張って遅れないで来ている子がいたらどうでしょう？「自分は頑張って遅れずに来てるのに、先生から何も言ってもらってない。なのに、あいつは遅れてきたのに、『よう来たね』って言ってもらえるのか……」と思わないとも限りません。子どもたちがこの子の状況を知っていて「よう来たね」と声かけをするのなら、それはすごくいいことだと思うのですが……。

②はどうでしょう。これが一番妥当な言い方かもしれません。それなりに頑張っていることは事実なのですから、「あとひと踏ん張り、明日も頑張ろうね」と励ますことは、他の子どもたちが聞いてもおかしくないはずです。

また、③についても、ちゃんとできなかったことに対して注意をするのは当たり前だという考えもあるでしょう。

ここで大切なことは、このあと個別にどう声かけしたのか、ということだと思います。特に③の場合は、その「個別の配慮」が必要になってきます。全体の中では、まだ他の子はこの子の背景を十分に知らない状態なので、「遅れてきたこと」への注意をしたということでしょう。ですから「個別の指導」の中では、遅れてても頑張って来ていることへの受容的な受け止めをしっかりやらないといけません。それを何も言わないで放っておくと、子どもとのつながりはできません。「君の頑張りはわかってるよ。明日もまた、今日よりも頑張れるようにしようね」といった担任の気持ちが伝わるような声かけが必要です。


ただし、「配慮をする」ことと「特別扱い」をすることは違います。それを同じように考えてしまうと、悪しき「一律平等主義」になってしまいます。例えば、家庭学習を例に出しますと、なかなか学習についてこれない子がいる場合、宿題を出すときに、「あなたはこれは無理やから、この宿題はしなくてもいいですよ」というのは「特別扱い」になってしまいます。「どのあたりまでならできる？　そう、それなら、ここまで頑張ってしておいで」と声かけをすることは「配慮をする」ことになるでしょう。

また仮に、少し学力的に課題のある子の保護者が、「うちの子が、やることが遅いのはわかっています。でも、それだからといって特別扱いはしないでください」と申し入れてきたらどうしますか？「じゃあ、他の子と同じように扱います」と言って、授業の中でもわかっていないのをそのままにしておいて、家庭学習の課題も他の子と同じように出して、やってこられなかったら、「何してるの？　他の子はみんなやってきているよ」と叱責しますか？　きっとそんなことはしないでしょう。わからないところは、わかるように個別指導をするでしょう。また家庭に対しては、「この子は今、このことが十分でないので、学校ではこうしていますから、家ではこのようにして協力してください」と報告したり、「こうしようと思うのですが、どうですか？」といった相談をしたりするでしょう。それが「配慮する」ことだと思います。

いずれにしても、子どもへの声かけは、教師と子どもをつなぐのに大きな役割を果たします。

丁寧なボールの投げ合いを徹底する

平成28年11月28日

私は「授業中は子どもたちに対して丁寧な言葉を使うように」ということを言い続けていますので、皆さんかなりできるようになっています。休み時間と同じように授業中も〝ため口〟でしゃべっていると、子どもたちの反応もそのようになってしまいますから、気をつけないといけません。

でも、そのことで面白い場面を見かけたことがあります。ある学校に行ったとき、少し授業の様子も見て回りました。中堅の先生が授業をしている教室に行ったのですが、そのとき先生が、「今からみんなに、○○をやっていただきますので――」と言ったのです。「えっ、やっていいただく？　それはないだろう。この場合は『今からみんなに、○○をやってもらいますので』ぐらいじゃないの？」と思いました。おそらく普段はそんな丁寧な言葉ではなく、ため口で「今からお前ら、○○をやるからな」ぐらいに言っているのでしょうが、先生は私が見ている気配を感じて、とっさに丁寧な言葉にしないといけないと思い、そんな言い方になってしまったのかもしれません（少し考え過ぎでしょうか？）。まあ、丁寧な言葉を使うことの意識はきちんと持って授業をやっていたということは、ある意味、立派なのかもしれませんが。

しかし、丁寧な言葉でと言っても、一時間ずっとそんな丁寧な調子で授業をしてくださいと言っているわけではありません。主には、クラス全体に投げかける言葉や発問、また子どもたちの発言を受けて、それを全体に返すといったときには、「みんな、これはどう思うんや」「これは〇〇でええんか？」というようなため口ではなく、「これはどう思いますか？」「これは〇〇でよろしいか？」と言うようにするということです。

丁寧な言葉を使うことで、子どもに「ゆったり感」を持たせ、気持ちをリラックスさせて授業に向かわせるのが目的です。それを、親近感を出そうとしてため口になると、休み時間と授業とのけじめがつかないし、教師もため口の方が楽でしょうが、気楽になり過ぎてしまって、子どもにとってはたたみ掛けられているような印象にもなりかねません。

ただ、一時間中ずっと丁寧な言葉で接していると、教師自身も疲れますし、子どももかえってよそよそしさを感じるかもしれませんので、例えば机間《きかん》指導では、各子どもに「この問題はこれでいいのですか？」と言うより、「この問題はこれでいいんかな？」と、そっと言ってやるのもいいことだと思います。これも、全体には丁寧な言葉遣いをしているからこそ、机間指導のときのこんな言い方が生きてくるのです。

また、教室を見て回っていると気になることがあります。それは先生が話の語尾に付ける「な」という言葉です。「……やな」の「な」ですが、大阪弁特有なのでしょうか、よく使われます。意味的には、自分の言っていることに同意してほしかったり、相槌をうってほしいときに、割合無意識に使っています。でも、聞いているとどうも汚い感じに聞こえてしまうのです。

「この答は1になるんやな」
「作者の思いがここに出されているんやな」
「○○さんが言ってることでええねんやな」
「○○年にこの事件が起こったんやな」

すべて「な」で押さえています。子どもに同意を求めないまでも、認識を促しているといったところでしょうが、この「な」を「ね」に替えるだけで、ずいぶんと印象が違って優しい感じになります。

「この答は1になるんやね」
「作者の思いがここに出されているんやね」
「○○さんが言ってることでいいんやね」
「○○年にこの事件が起こったんやね」

といった具合です。実際に使ってみるとよくわかります。

このように、指導する教師の側から、子どもたちにボールを丁寧に投げれば、子どもから返ってくるボールもある程度丁寧なものとなります。でもここで大事なのは、そうしていても子どもから返ってくるボールが雑なものだったらどうするか、ということです。子どもにはよく「『はい、〇〇です』と丁寧に答えましょう」と言っておきながら、当の教師がため口で雑に言っていたらどうにもならないのですが、反対に教師が丁寧に言っていても、子どもが「それ、〇〇や」とか「〇〇（単語で答える）」と言ったりするのは見過ごしてはいけません。

学年のはじめのうちに「はい、〇〇です」と答えるように決めておきながら、だんだんと子どもたちが「はい」と言わなくなっても見過ごしてしまっている教師がいます。それなら、はじめからそんなことを決めなければいいのです。決めたのなら徹底して言わせないといけませんし、自分が丁寧に話しかけているなら、それを受けた子どもの発言も丁寧にする必要があります。そうしないことには、「授業中は丁寧な言葉を使う」ということにはなっていきません。子どもがいい加減な返答の仕方になっても、面倒なのでついそのまま見過ごすことはよくありません。

それに、「言語活動を活発に」と言っていても、そんな言葉遣いや単語で答えるようでは絵に描いた餅でしかありません。授業の中でしっかりとした言語活動を指導しようとす

るならば、

・先生から指名されたら、まず「はい」と返事をする習慣を徹底する
・低学年のうちから「話型」をしっかりと教え、それにしたがって答える習慣をつける
・子どもの発言には、教師がその都度、評価をして返してあげる
・単に言葉の「キャッチボール」をするだけではなく、ぐるっと言葉のボールを回す
・「書く」ことを、うまく思考の手立てとする

といったようなことが考えられます。まずは、とにかく丁寧なボールを送ることで、子どもたちの反応も丁寧なものになっていくのではないでしょうか。

特に若手の先生方は、子どもたちのことをしっかりと把握している自信があるならば、なおさら授業の中での丁寧な言葉がより生きてくると思います。

また、子どもたちはこれから成長して社会人となっていくのですから、その場その場によって言葉の切り替えが必要だということも、自然に意識させたいものです。

子どもの自尊感情

平成28年11月9日

「今の子どもは自尊感情が低い」と言われることがよくありますが、皆さんの学校や学級、また指導している子どもたちはどうでしょうか？

もともとは「自尊心」という言葉があり、「自尊感情（セルフ・エスティーム）」というのはそこから生まれた言葉なのでしょう。ですから自尊心と捉えてもいいと思いますが、自尊心（プライド）は「自尊心が高い」という使い方を代表に、よい意味では使われない場合があります。しかし、自尊感情はそのようなことはなさそうです。

自尊感情は、「自分を価値あるものだと感じる感覚」「自分自身を好きだと感じる」ということでしょうから、「自分を信じる」「自分を大事に思う」といった、よい意味での使われ方をすることが多いようです。ただし、この言葉は、単に自分は人より優れているというような、他者との比較でどうこうという感覚とはまた違うのです。自分自身を好きになるとともに、他の周りの人たちのことも好きになる、ということですから。

もう少し調べてみたら、「自分には価値があり、尊敬されるべき人間であると思える感情のこと」という意味合いもありました。アメリカの心理学者によれば、自尊感情の高低は、本人が願ったものがどの程度うまくいくかによって決まってくるそうです。学習行動においては、自尊感情が高い人は困難にあっても努力するのですが、低い人はすぐにあきらめてしまう傾向もあるらしいです。

また、対人関係においては、自尊感情の高い人は他人からの賞賛や批判にあまり左右されることがなく、感情が安定していますが、自尊感情の低い人は褒められるとその相手がよい人に思え、逆にけなされると相手を悪い人だと思う傾向があり、感情も不安定な傾向にあるとされているようです。

このようなことから、自尊感情とは、「誰でもごく普通に弱点もあれば欠点もある。そのような自分を好ましく思う気持ち」ということになるでしょうか。ですから、自尊感情はそこから発して、自分だけではなく自分の周りの弱点も欠点もある人たち、そんな人たちをも自分と同様に好ましく思える気持ち、ということにもなるのです。それは「受容的な受け止めができる」ということも言えそうです。

そのような気持ちが、今の子どもたちは低いというわけです。「自尊感情が低い」ということは、自分に対して自信を持てないだけではなく、人の稚拙な部分や失敗を受容的には受け止められずに、すぐにバカにするような行動をとったり、攻撃的になってしまったりする傾向もあると言えます。

では、子どものこのような「自尊感情の低さ」は、いったいどこに由来するのでしょうか？「褒めて育てましょう」とよく言われているので、褒められてはいるだろうと思うのですが、どうでしょう？

確かに褒められてはいるのでしょう。でも、よい部分を見て褒めてもらっているというよりは、何につけても褒め言葉を使われているだけだったり、単に何でもいいふうに見られていると言った方がいいのかもしれません。それは言い換えれば、「褒められる部分が具体的ではない」ということでしょう。

ですから、「褒めて育てる」のではなくて、本来は「認めて育てる」ということが大事なのではないかと思うのです。子どもは決してちやほやされるのを好むわけではありません。しかし、自分の存在そのものは意識してほしいものなのです。何事もいいものはいい、悪いことは悪いと言ってほしいはずです。ダメなものはダメと言ってほしいのです。『会津藩の什《じゅう》の掟』の「ならぬことはならぬものです」ということでしょうか。でも、単にダメと言うだけではなく、具体的に何がダメで、またその解決方法も求めているはずです。言いっぱなしではなくて、それを解決する道筋もちゃんと示してほしいということでしょう。

そのような中で、子どもの自尊感情を高めるには、どうすればいいのでしょうか？　それには大きく二つあると思います。

まず一つは、小さいときからそうしないといけないということです。小学校の高学年や中学生になってから子どもの自尊感情を高めようとしてもうまくいきません。それこそ、幼児期のうちから自尊感情が高まるような接し方をする必要があると思います。ということは、親の子どもに対する声かけや態度がとても重要になってくるわけです。

もう一つは、前述のこととも関係するのですが、周りの大人自身が各々の「生き方」として自尊感情を高めなければいけないのではないでしょうか。子どもを取り巻く大人の自尊感情が低いようでは、それを見て育つ子どもに高い自尊感情が育つはずがありません。何事も大人が常日頃から模範を示し、それを見様見真似で育っていくのが子どもです。その大人が模範とならないような状態ならば、子どもが真似ることは決していいことではなくなります。学校・園でも「うちの子どもたちは自尊感情が低い」と言う前に、教師が自分たちはどうなのかを振り返る必要があります。

もちろん、先ほど書いたように教師以上に親もそうです。子どもは教師以上に親を見て育っています。「子どもは三歳までにすべてが決まる」と言われてもいるほどです。

それならば、幼稚園や小学校側は、親に対してどうすればいいのでしょうか？　ましてや中学校となれば……。大変難しい問題ですが、もう遅いからといって放っておいていいわけはありません。親に対して、このことをしっかりと説いていくしかありません。そのためにも「教師、学校・園のことを聴いてくれる親」でなくてはなりません。そして、親にそうなっていただくには、幼稚園、小学校低学年のうちから、学校・園側が親とのつながりをしっかりととっていくことしかないでしょう。

今は若い先生が多くなっており、親よりも年下ということが多いでしょうから、親を諭すなどということは難しいとしても、しっかりと話し込める関係を作っていくことは大事になってきます。

〝存在価値〟ということ

平成23年4月12日

最近さまざまなスポーツ分野で、「自分を信じて頑張る」「自信を持ってやり抜く」と、アスリートたちが自分自身を奮い立たせる場面をよく見かけます。そして教育の場面でも、子どもたちに励ましの気持ちを伝えるのにこのような言葉を使うことが多くあります。しかし、自分を信じるためには「それだけのことをやった」とか「ここまでやり抜いた」という自信の「裏付け」や「根拠」がなければ、それはただの「空《から》自信」になってしまいます。ですから、先生が「自信を持ってやりなさい」と子どもを励ます場合にも、まずはそれだけの「裏付け」になるものがあったうえで、自信を持たせてやらないといけません。

では、他人のことに対してはどう見ていけばいいのでしょうか？　自分が自分を信じてやっていけば、他人のことはどうでもいい、ということではないと思います。自分が伸びていくためには、いい意味でのライバルも必要でしょう。やたらと他人を気にし過ぎるのもどうかと思いますが、他人のこと、ましてや自分を取り巻く周りの人たちのことは全く関係ないと思っている人はいないと思います。もちろん、先生方は子どもたちに対して「集

「団づくり」を何よりも大切にして指導してもらっているわけですから、しっかりと周りの仲間のことを考えた生き方をしてほしいと思っていることでしょう。たとえ相手が親しい仲間ではなくても、他人を無視したような生き方はできないと思います。

私自身も「集団づくり」のあり方についていろいろと考え、実践もしてきたつもりですし、自分の息子に対しても小さい頃に、「まず自分のことを考えないといけないけど、それは『自分さえよかったらいい』ということじゃなくて、周りのみんなもよくなると、もっといいよね」と言ってきました。おかげで息子は何よりも周りの友だちのことを大切に思うように育ってくれました。

余談ですが、一つ笑える話をしますと、息子が中学生のときのこと、テスト前に友だちからこんな電話があったそうです。

「なあ、高さん（息子のあだな）、〇〇のノート見せてくれへんか？」

普通なら、「しゃあないなぁ。そしたら、貸したるから取りにおいで」とか「貸したるけど、すぐコピーして返してや」などと言うところでしょうか。ところが、息子はどうしたと思います？「うん、わかったよ」と言って、コンビニエンスストアに行って自分でノートをコピーして、その友だちの家まで持っていってあげたというのです。

「なんでそこまでしてあげたん？」

私が訊くと、息子はこう言いました。

「そうかて、ノートを貸したったらボクが見られへんやん。そうしたら、どっちにしてもコピーせなあかんから、それやったら、ボクがコピーして持っていったったらいいことやから」

なんだか一瞬、涙が出ました。私としてはたぶん、うれしさと面白さの混じった感情だったと思います。そんな息子に呆れる反面、誇らしくも思えたのでした。

ところで、私の教え子の中にすでに他界してしまった子が二人います。そのうちの一人は、私が教師になってはじめての年、三年生を担任しているときに二学期から転校してきた子です。その子の話を少しします。その子の転校初日に、教室まで一緒に歩いていたら突然、「先生、この学校の三年は何クラスですか?」と尋ねるのです。小柄なのに大人びた「こまっちゃくれた」言い方でしたのでよく覚えています。でも彼の場合、口は立つけれど勉強嫌いで、ある日、残り勉強をしているときにこっそりと抜けて家に帰ったことがありました。それで他の子に家まで呼びに行かせたら、しばらくしてお父さんが彼の首根っこをつかんで連れてきてくれました。

「先生、すんません。こいつ、勉強教えてもろてるのに勝手に帰ってきたみたいで……」

お父さんはそう言ってペコリと頭を下げ、戻っていかれました。

そんなふうで、いろいろとやんちゃなこともしていましたが、クラスの人気者だった彼は、中学生になってもよく友だちと一緒に私の家に遊びに来てくれていました。相変わらずこまっちゃくれていたので、時折、冗談半分に彼を困らせるようなことを言うと、彼はその都度、「やめてーや、センセェー！」と口をとがらせて笑っていました。

そんな彼が、あるとき真剣にこんなことを言ったのです。

「オレな、友だちってホンマに大事やと思うねん。そやから、みんなからシカト（無視）されるのすごく嫌やねん。シカトされるくらいやったら、いじめられる方がまだいいわ」

勉強は嫌いだけど、友だち付き合いは大事にする子だったので、そのときは中学校でちょっと嫌なことか、周りから何か言われることがあったのかな、と思ったのですが、深刻そうではなかったのでそれ以上は聞きませんでした。一緒に来た子どもたちも、彼のその発言に対して何も言わなかったので、この年代の子たちはそんなふうに自分の〝存在価値〟ということを重く捉えているんだ、と実感しました。それ以後、彼は私の家に来てもそれ以上深刻な話はしませんでしたので、大したことはなかったのかもしれません。

そんな彼は、結婚してしばらく経った頃、二十代半ばという若さで、白血病でこの世を去りました。しかし、あのとき彼から聞いた「シカトされるくらいならいじめられる方がまだいい」という言葉は今でも忘れられません。人は一人では生きていけないものですね。人は周りのみんなと一緒になって生きていくからこそ、自分の〝存在価値〟が見出せるのだと思いますし、周りから認められたり、頼られたりするから伸びていくんだと思います。

「シカトされるくらいならいじめられる方がまだいい」なんて言い方は、決してよいとは思いませんが、彼はきっとそういうことを言いたかったんだろうと思います。

子どもの自己肯定感を高める

平成23年6月24日

昨年の十月末、岡山の知人が「ナンバー〇〇をプリントアウトして、こっちの学校で配ってもいいかな?」と連絡してきました。松原市のホームページ内の『教育長室へようこそ』を見てくれているらしいので、「いいよ、使ってもらっても」と返事をしましたが、きっと岡山の先生方も、子どもたちへの日々の指導で何か具体的なことを求めているんだろうなあと感じました。

さて、前項の「〝存在価値〟ということ」の続きの内容になりますが、最近よく使われる言葉に、「自分を好きになる」とか「自分に自信を持つ」というのがあります。確かに、自分を卑下して、劣等感を持って生きていくのはつらいことですから、自分に自信を持つ生き方をすることは人として大切です。私たちは子どもたちにも、「自分に自信を持つことが大切なんだよ」ということをよく言っています。しかし、どうすれば自信を持たせることができるのでしょうか?「自信を持ちなさい」と言っても、それだけではちっとも具体的ではありません。どうすれば子どもたちが自信を持って、そして自己肯定感をいだくことができるのでしょうか？　自信を持てと言うからには、子どもが自信を持てるように考えてやらないことには、単に言葉で「ハッパをかける」だけで終わってしまいます。

具体的なやり方はいくつもあるでしょうが、個々の子どもによっていろいろと違いがあると思います。しかし、そう言ってしまえばこの話もここでおしまいになりそうです。もちろん、個々が遭遇する「運」のようなものもあって、それをうまく生かす人、生かせない人、気づかない人というでしょうが、それをつかみ取るだけの方策や力も備わるように仕向けてやらないといけません。そこで、以下に三つほど具体的に挙げることにします。

一つ目は、なんといっても「子どもたちに生きた学力をつけてやる」ことです。そこで、わからないことを「わからない」と言えるようにしてやらないといけないし、何がわからないのか、どこがわからないのか、ということを意識できるようにしてやらないといけないと思います。よく教師は、「わからないところがあったら、気にしないで言いなさいね」と子どもたちに言います。しかし、どこがわからないのかをちゃんと言える子はまだいいのです。「自分がどこがわからないのかもわかっていない」子どももいるのです。

そのことから考えて、「基礎」をどのようにつけていくかということが大事になります。それには、学習への「意欲」を子どもたちにうまく持たせることです。「させられる勉強ではなく、やりたい学習」にどう意識を変えていくか、いろいろと工夫すべきです。少人数・習熟度といった指導形態を考えることも大切でしょう。それとともに、子どもの思いの中にどう意欲付けしていくかも大切です。子どもたちは学習の中で「わかる自分」「できてきた自分」を感じることで、次に新たなことを試してみたくなるのです。

そのような取り組みを、いろいろと具体的に、学年で、そして学校全体で考えていく必要があります。子どもたちは「伸びる自分」を実感することで自信を持ち、また頑張ろうとするのです。

二つ目は、さまざまな活動や取り組みを通して、子どもたちに自分の〝存在価値〟を感じさせてやることです。例えば「総合的な学習の時間」などでの学級や学年の取り組みで、地域に出かけて活動をしたり、地域からゲストティーチャーを招いたりしたときに、子どもが自分のやったことを地域の方から誉められたとか、周りの友だちから頼りにされたといったことで、自分の存在価値を自覚します。また縦割りの取り組みでは、クラスではあまり目立たない子が、下の学年の子に遊びを教えるときにうまく教えられたので、それ以降、下の子たちに頼られるようになったり、見かけると声をかけてもらったりすることで喜びを感じます。そのような経験でいいのです。そういったことを通して、自分の存在価値が確かめられる、また自己の有用感を自覚できる、そこから徐々に自己肯定感が高まり、自分に対する自信につながっていくのです。

三つ目は、子どもの行動や発言に対する教師の言葉かけです。最近は「子どもは誉めて育てよう」という風潮があります。確かにそうした方がいいとは思いますが、果たしてそれだけでいいのか？　とも思います。よく頑張ったこと、最後までやり通したこと、そういうことを誉めてやるのはその子にとって非常にいいことです。でも、最近はちょっとしたことでも「誉めまくる」ような傾向もあるように思います。ごく普通のことをそこまで誉めなくても……と思うこともあります。そういう誉め方をしていると、子どもは誉められることに慣れてしまって、肝心なときに誉めても喜ばなかったり、ちょっと注意されると、叱られ慣れていないのでブーッとふくれてしまうといったことも聞きます。ですから、子どもへはしっかりと「認めてやる」ということが大切なのだと思います。

誉めるときにはしっかりと誉めてやる。それも、根拠をはっきりさせてです。しかし、悪いことをしたときには、ダメなものはダメと注意をする。これも、何を注意されているのかという具体的な中身を示してです。このことをはっきりと区別しておかなければならないでしょう。

要は、子どもの「よさ」をちゃんと見てやらないといけないけれど、「いいように」しか見ないのは間違いだということです。子どもが時として注意されるようなことをしても、

「この子は優しい子だから」と、悪いことを帳消しにするような考えはダメです。「あかんことはあかん！」とはっきりさせてこそ、誉められるときにも値打ちが出るのです。

このような考えの上に立って、子どもたちの行動・発言にはしっかりと評価の言葉を返してやるということです。授業中、本を読んだ子によく「ありがとう」と言う教師がいますが、そんなときは「大きな声で読めましたね」とちょっとした評価をしてやる方がよっぽどいいのです。

子どもたちは自分のやったことや言ったことへの先生の、また親の、そして周りの友だちの反応が気になるものです。自分はどう評価されているのか、と。そのまま何も反応がないと、自分は評価されていないのではないかとか、ダメだと思われているのではないかと考えてしまって、テンションも低くなり、自信が持てなくなるということもあります。子どもは他人に、特に友だちや先生に無視されることが一番イヤなようです。特に中学生はその傾向が強く、中学生になって、「ぼくはみんなからシカト（無視）されるくらいなら、いじめられる方がまだいいと思ってる」と言った私の教え子の話を、前項の「〃存在価値〃ということ」で書きましたが、これは本当に衝撃的な言葉で、今でもよく覚えています。

教師は子どもの模範？

平成28年7月19日

以前から、各小学校の全校での「ラジオ体操」の練習の風景を見たりしますと、朝会台の横には全体指導をする先生がおられ、そして子どもたちの前にはだいたいは児童会やラジオ体操の代表の子どもたちが並んでいます。子どもたちを中心に、との思いからそのようにしているのでしょうから、それでいいと思います。じゃあ、先生方は……？　というと、子どもたちの横にいたり、後ろにいたりしています。前に並んでいる子どもたちのそばに並んでいたのでは、代表の子どもたちが目立たないからということもあるのでしょう。やはり、子どもが主役ということで、そのようにされているのだと思いますが、先生方がどこにいるかは別にして、子どもたちと一緒になって体操をされている方が少ないのが残念です。かといって、子どもたちの間を回って指導をしているようでもなさそうです。

なぜこんなことを言うかといえば、体育などで子どもたちに指導するとき、場合によっては、また内容によっては、指導者がきっちりと模範を見せることも大事だからです。幼稚園や小学校に運動の指導に来ていただいているシロマスポーツクラブなどはそのいい例でしょう。器械運動で、教師が指導していてもなかなかできなかった子が、すぐにうまくできるようになったと聞きます。もちろん、指導の手順やポイントをよく押さえて指導されているからでしょうが、指導する側が素晴らしい演技を見せて、子どもたちに具体的にわからせることも大事であり、指導者が模範演技を見せてこそ、子どももしっかりとできるようになるということがあると思うのです。

それなら教師はなんでもできないといけないのかと言えば、必ずしもそうではないでしょう。よく言われるのが、「教師が鉄棒の逆上がりができなければ、子どもたちには教えられないのか?」ということですが、決してそんなことはありません。できないからこそ、かえってできない子のことがわかり、できないポイントを捉えて指導できるということもありますし、できない種目をできるようになるために必死で練習に励んだ経験を指導に生かせることもあると思います。しかし、逆上がりが得意でない先生が子どもたちに逆上がりを指導することは、やはり並大抵なことではないはずです。どのようにすればできるようになるのか、逆上がりの理論的なことをしっかりとわかって教えないといけません。特に、できたという「経験知」がない場合はなおさらです。これは水泳やボール運動など、スポーツの分野のすべてにわたって言えることでしょう。特に水泳の指導で、それが目立つように思います。

他の教科で言えば、理科などで、教師自身が予備実験や事前の実験を何もしていないのに、指導書を読んだだけで（読まずに知ったかぶりをするのはなおさらですが）、さもわかったように「実感」を伴わない指導をしてしまっている人がいるかもしれません。この場合、教師が前もってやってもいないことを教えないといけないのですから、なかなか自信を持って言うこともできないでしょうし、子どもの方もピンとこないかもしれません。

それが前述の水泳指導であれば、泳げない先生が子どもたちに指導をしているとしたら、これはちょっと大変なことです。知っている理屈で教えているだけで、泳げた、息継ぎができたなどという「経験知」がないわけですから。水泳では、息継ぎができればフォームが少々おかしくても、だいたい泳ぐことはできるのですが、その息継ぎができなければ、いくらきれいなフォームで泳げたとしても、ある程度進んだところで必ず立ってしまいます。例えばクロールで二五メートルを泳がせたときに、きれいなフォームで泳いでいる子が二〇メートルくらいのところで立ってしまうことがあります。

「あ〜、もう少しなのに。なんであと少し頑張れないの？」

もし先生がそう言ったとしたら、私なら「この先生、泳げない人なのかな？」と思ってしまいます。たとえこの子が頑張って二五メートル泳ぎきったとしても、息継ぎができなければ、ターンもできないでしょうし、それ以上泳ぐ距離を伸ばすこともできません。平泳ぎでもそうです。足のけり方を指導するにも、しっかり足を引きつけて足首を返さないことには「カエル足」にはならず、「あおり足」になってしまって、正しい平泳ぎとはならないのです。しかし、先生がよくわからないまま指導すると、あおり足のままで子どもたちは覚えてしまいます。そのあたりが、実感を伴っているかどうかで大きく変わってくるのです。もちろん、あおり足でも前に進むので、泳いだ実感はあるでしょうが。

さて、話ははじめの「ラジオ体操」に戻りますが、ラジオ体操を真剣にやると、一回で汗がにじむことがあります。実はそれほどハードなものです。でも、私たちは小さい頃から学校で、また夏休みの朝の地域での取り組みで、このラジオ体操に親しんできています。音楽が鳴れば自然に体が動いてしまうくらいですから、よく知っていると思いがちです。でも実際は、一つ一つの動きの中身をわかっている人は少ないでしょう。

初任者研修の折に、よくこのラジオ体操をやってもらうことがありますが、ほぼ全員が一番最初の「背伸びの運動」で間違えます。細かいことは置いておいても、「1」で腕を上に上げ始め、「2」で皆さん腕を横に下ろし、そして「3、4」で腕を下まで下ろします。それでは、「いつ伸びる」のですか?「2」で腕を横に下ろしていては、伸びることができません。実は「2」では思いきり上に腕を伸ばすのです。それが「背伸びの運動」なのです。また、そのとき足は「爪先立ち」をしてしまいがちですが、実は足の裏はベタッと床につけたままが正解です。「えっ?　爪先立ちをした方が背伸びができるんじゃないの？」と思うでしょうが、それでは、足は伸びても背中が伸びません。足をベタッと床につけて腕を上に伸ばす方が、間違いなく背中は伸びるのです。これも実際に自分でやってみれば、実感が湧くはずです。

何事も、先生が実感を伴って指導することで、模範となり、子どもたちもしっかりと身についてて「引き出し」にしまえると思います。

教師の処理能力とその意識

平成26年12月19日

「処理（能）力」は、一四八頁で述べた「教師に必要な『三つの力』」のうちの一つですが、この力が最近は軽んじられる傾向にありませんか？　教師としてというだけではなく、人として大変重要なことで、例えば「約束事をきっちりと守る」ことであったり、「時間にルーズにならない」「子どもに言ったことは守る」「学校での自分の役割はきっちりと果たす」といったことです。

このことを、教師の仕事の面や子どもへの指導面で、もう少し具体的に挙げてみましょう。

- 校内外の会議や研修会の開始に遅れないようにする
- 発表、発言のときに、与えられた時間以上にしゃべらない
- 提出書類は、決められた提出期限までにきっちりと出す
- 授業を計画的に進め、期日までにやり終える
- 子どもたちのノートやテスト、プリントなどは、できるだけ早く添削して返す

・子どもとの約束は、どんなことでも忘れずに守る
・校内外の自分の役割分担は、責任をもってやり通す
このような事柄でしょう。特別に難しいことではなく、ごく当たり前のことです。でも、それがなかなか守れない人が多いのです。これらがきちんとできることは、「頼りになる教師・当てにできる教師」ということとも大いに関係します。

さて、箇条書きで挙げた中で、キーワードとなることが三つあります。それは、「守る」「見通す」「忘れない」ということです。

①守る

これには時間や期限を守ることが挙げられます。特に「時間を守る」ことは、なかなかできていない場合があり、会議の開始時刻をいい加減に扱っている人が多く見られます。対外的な会議などでは各学校・園から出席するのですから、それぞれ状況も違います。皆なんとかやりくりして出ていくのですから大変です。頑張って開始時刻に間に合うように行ったら、全く人が集まっていなかった、というような経験をした人も多いでしょう。よくないのは、それが当たり前のような雰囲気になっていることです。時間を守っている人だけがバカを見る格好になってしまって、やり切れなくなります。もっとひどいのは、ど

んな会議（研修会）にも必ず遅れてくる遅刻の常習犯がいるということです。おまけになんら悪びれた様子もないとしたら、いったいどんな意識を持っているのでしょうか。個人同士の待ち合わせならともかく、仮にも学校・園を代表して来ているのですから、その意識はしっかりと持たなければいけません。

提出分についても同じです。公的・私的のどちらにしても、期日を守らない人はどんなときにも守りませんね。それが自分のスタンスだと思っている人もいるのではないでしょうか。でも、それは単にルーズなだけのことです。

②見通す

普通は、単元の進み具合やその授業時間の流れを常に頭に入れておいて授業をするものです。特にその教材の時間数を考えて、いつ頃に終えるようにするとか、その中でどのような資料を使うとか、それらの構想がないと、出たとこ勝負のようになって、見通しなく授業をしていくことになってしまうでしょう。

もちろん授業だけでなく、学校・園の保育・教育は、全体を見渡してある一定の計画を立てて進めていくものです。それを実態に応じて修正しながらやっていく力が「対応力」だと思います。見通しを持たないと、何事も場当たり的になってしまいます。

③忘れない

これは「見る」「聞く」ということと関係し、「忘れない」ということには、「目に入っている」「聞けている」ということも大事な要素になります。

見ていても目に入っていないことが実はよくあるのです。例えば授業中に子どもの机の上に水筒がドンと置かれていても、何も言わない先生がいます。授業中に机の上に水筒があるのはおかしいのですから、普通なら「○○さん、その水筒はしまっておきなさい」と言うでしょう。そこで何も言わない先生は、おそらくその水筒を見ていても目には入っていないのです。このようなことは、授業を始めるときにサッと子どもたちを見渡してみればわかることです。はじめにそうすることを、ついつい忘れてしまっているのでしょう。

また、学校全体で決められた「約束事」なども、時間が経つとつい頭の中から抜けてしまって、子どもたちが守れていなくても注意したり声かけをしたりしなくなります。その積み重ねで、子どもはどんどん気がゆるんでいき、あとになってからふと、「約束事」ができていないことに気づくのです。忘れないでその都度やっていかないと、せっかくの決め事が台無しになってしまいます。

それと、自分が任務として与えられた仕事も、つい忘れていてやり切ることができない場合があります。私もそうでした。そんなときにはメモ帳を作ることです。または、いつも使っているノート（予定表）に目立つ色で書いておくなどして、ノートを開けばいつもその仕事・用事がわかる（常に目に入る）ようにしておくことです。

いずれにしても、「処理（能）力」は教師が子どもに接するうえで、また自分の責務を果たすうえで大事な能力ですが、これは若いうちに身につけておかないと、ベテランになったからといって自然とつくものではありません。「あの人、ベテランやけど、時間や決まりにはルーズやね」と思われるのはつらいですよね。

とっさの判断力・対応力を身につける

平成27年4月22日

人は突然、思いもよらないことに遭遇すると、「どうしたらいいだろう……」と考え込んだり、動けなくなってしまうことがあります。以前はよくそれを「想定外の出来事」と言っていましたが、最近は、何事も想定をしておく必要がある、ということで「想定内」と言うようになっています。まさに、リスクマネージメントの考え方ですが、これは組織として起こったときにだけ考え・判断するだけではなく、個々が生きていくうえで直面することも往々にしてありますので、一人一人が常に考えておかなくてはならないことです。

しかし、何事も「想定内」として対応しなければならないと言っても、すべての出来事に対してそうすることはなかなか難しいものです。特に個人に起こる出来事には、想定内だと思えないケースもあります。例えば、自転車の前かごに入れていたバッグを突然ひったくられたというような事件の場合です。常日頃から誰しも防犯には気をつけてはいるでしょうが、ちょっとした心のゆるみがあったときに、そうなってしまうこともあります。このような場合、「気をつけていたのに……」と言っても、具体的にどう気をつけていたのかが問題になります。この世の中、「絶対」ということはないとしても、少しでも「絶対」に近づく策を考えないといけません。

この自転車のひったくり事件の場合、そうならないようにするためにできることは二つくらい考えられると思います。まずは、前かごに荷物を入れるのであれば、前かごにネットなり袋なりをかぶせることで、そのような事件は大幅に防げるでしょう。もう一つは、荷物そのものをリュックや斜め掛けバッグにして身につけておき、そもそも前かごには入れないことです。

以上のようなことは前もってやっておけることですが、人は思ってはいてもなかなかやらないものであり、皆さん方もおそらく以前に管理職から気をつけるようにと注意喚起があったでしょうが、すぐに手立てを講じた人は少ないのではないでしょうか。「即ち除日《じょじつ》に講《こう》を起こす」ということで、即刻何か手を打った人はいいのですが、いまだに「気をつければいい」としか思っておらず、具体的に何も対策をしていない人は、すべてにわたってそうなっていませんか?

それと、そのようなことに遭遇したときに、とっさにどうするかも大事なことです。ただ呆然と立ちすくむ、必死に追いかける、すぐに警察に連絡する、大声で助けを呼ぶ……などいろいろとあるでしょうが、これもどうするかはそのときの状況、その人の性格などによってもずいぶん違うでしょう。

このような事件性のあることではなくても、子どもが休み時間に遊んでいて頭を強く打ったとか、保護者（地域の方）が突然クレームを言いに来たとか、テスト用紙を配っていたら数枚違うものが入っていて用紙が足りないとか、学校から帰宅してカバンの中を見たら大事なものが入っていなくてどこかに忘れてきたらしいとか、いろいろと起こるものです。そういったときにとっさにどうするか、それが「対応力」であり、どうしたらいいかわからずにオタオタしているようでは、「対応力がない」と言わざるを得ません。

このような場合、特に子どもに関わる出来事は、即座に判断しないといけない場合があります。前述の例で言えば、子どもが遊んでいて頭を強く打ったとき、子どもが「痛いけど大丈夫」と言うので、「まあ、様子を見ようか」とそのままにしておいたらどうなるでしょうか？　様子を見る、とはどうすることでしょう？　しばらくして子どもが、「先生、まだ頭が痛い」と言ってきたら動くのでしょうか？　子どもが吐いたりしたら、それを見て動くのでしょうか？　もちろん、大したことなく経過するかもしれません。しかし、そのまま何もしないで経過を見るということはありえません。頭を打ったのですから、様子を見てもらうのは専門家のお医者さんにです。教師が様子を見るということは、そのままにしておくということでしかないのです。

このようなことも、日頃から「子どもが頭を打ったりしたら、必ず医者に見てもらわないといけない」ということをしっかりと想定しておかないといけないわけです。そうすればとっさの判断を間違わずにすみます。もちろん管理職（養護教諭を通してということが多いでしょうが）に連絡し、指示を仰ぐことも大切です。「報・連・相」が大事というのは、このようなときも大いに関係します。

ところで、このような子どものケガのことでなくても、先生方は管理職に何か相談することがあるでしょう。そのとき、この「報・連・相」でやってしまいがちなことは、相談したらしっぱなしで、物事が解決してもその後の様子や結果を相手に何も連絡しないということです。皆さんはどうですか？　何か相談したり報告したりしたのなら、大した進展はなくても、その後の経緯や結果はきっちりと相手に知らせるべきでしょう。

私自身も管理職のときにそういうケースがありました。私のところに、どうしたらいいかと相談しにきた先生がおり、中身はさほど大きな問題ではなく、私はこうしたらいいんじゃないですか、とアドバイスしたのですが、その後何も連絡がないので、あるとき気になって尋ねると、その先生はにこにこしながら、「はい、あれは言われたとおりにやったらうまくいきました」と言うのです。「それならそうと言いに来んとあかんよ」と、私は少し強めに言いました。やはり、そういう基本的なところから当たり前のことにしないといけません。相談しておいて、その結果を知らせることをつい怠ってしまうと、相談された方としては気になるものです。とっさの対応力・判断力を身につけるとともに、このようなことにも気をつけてほしいと思います。こういったことに気がつかない先生も多いようなら、学校として（組織として）システム化を図ることも大切でしょう。

いずれにしても、子どもの教育・成長に関わる教職員としては、突然起こるさまざまな出来事に、とっさに的確に判断できるような力（対応力）と、何事もすぐに行動に移せる気構えを身につけておく必要があります。もちろん、時と場合によっては「様子を見て」ということも必要な措置かもしれませんが、それは「何もしないで放置しておく」ということではないのです。

教師の「対応力」とは

平成28年11月1日

私は以前から「教師に必要な力は三つある」と言ってきました。そのうち「指導力」は教師として当然備えておくべき力ですが、次に「処理（能）力」については一九六頁の「教師の処理能力とその意識」に詳しく書きました。三つ目の「対応力」については、前項の「とっさの判断力・対応力を身につける」にも書きましたが、ここでももう少し考えてみたいと思います。

対応力は、まずは何事も幅広く見ることができるかどうか、ということと関わってきます。例えば授業研究で、学校や学年、また自分でしっかりと指導案を考えたとしても、実際の授業ではなかなかそのとおりにはいかないものです。そういったときに、せっかく指導案をみんなで考えたのだから何がなんでもそのとおりに進めていくか、子どもの反応を見ながら柔軟に進めていくかで、授業そのものがずいぶん違ってきます。

子どもがどんな反応をしようが、子どものことは考えずに自分のやり方を通すのか、子どもの発言や反応で急きょ進め方を変更するか、ということですが、どちらがどうという ことは必ずしも言えません。

というのは、それぞれを悪く考えれば、「ガチガチに指導案の中身にしがみつく」「子どもの発言に簡単に左右されてしまう」とも言えるからです。もちろん基本は、指導案をもとにして授業を進めていくことだと思います。子どもの反応ですぐに方向を変えてしまうような指導案なら、何を根拠にその指導案を作成したのかということになります。指導案には、まずは子どもの実態が反映されていなければならないのは当然です。その実態をもとにせず、「私はこんな展開にしたい」と言っても空回りをすることになるでしょうし、授業を受ける子どもは、授業の中での必然性を感じられないことにもなります。

しかし、授業での子どもの反応や発言によって、ある程度切り口を変えたり、方向性を修正したりしなければならない場面も出てくることがあります。ですから、どちらがどうということが言えないわけです。そこで、教師の柔軟性、すなわち「対応力」がポイントになってくるのです。

授業のときだけではなく、さまざまな場面でそのようなことは起こります。生徒指導上のことでもそうでしょうし、保護者への対応でもそのようなことが起こります。例えば、いじめのようなことがあった場合に、早急に解決しないといけないと思って、いじめられた側といじめた側を一緒に呼び、「この子がいじめられたと言ってるけど、君はいじめたんか?」と訊いたとしたらどうでしょう? いじめた側は素直に「はい、いじめました」とは言わないでしょう。いじめた側にも、たとえ自分本位であったとしても、必ず何らかの言い分があって、それが正しいか正しくないかは別にして、言いたいことはあるはずです。ですから、いじめられたと言っている子の前で「はい、いじめました」なんて、普通は言いません。こういう場合は、当たり前のこととして、別々に呼んで話を訊くものです。これは対応力云々以前の問題かもしれませんが、とにかく、そんなときにこそ「対応力」があるかないかでずいぶん違ってくるのです。

要するに「対応力」というのは、自分が予定していたこと、予測していたこととは違う状況や場面に遭遇したときや、思ってもいないことが突然起こった場合に、とっさに判断してその場に応じた対応ができる力です。思いもよらぬ出来事が起こったとき、オタオタしているようではいけないということです。ましてや子どもたちの前で先生のそのような姿を見せてしまったら、子どもたちは不安になってしまいます。

これまでの自分自身を振り返って、そういったことがあったときに、あなたはどう対応しましたか? そんな状況や場面はいろいろあるでしょうが、例えば、

・クラスで「明日はこれをやります」と子どもたちに言っておきながら、翌日そのこと

をすっかり忘れていて、子どもからそのことを指摘されたときに、どう対応するか

・授業中に班で話し合いをしているとき、突然、隣同士の子が言い合いになって、片方の子が手を出し、もう一方の子が泣き出したら、その場をどうおさめるか

・遠足で「お弁当を忘れてしまった」と、弁当の時間の直前に子どもが言いに来たとき、どのような対応をするか

・朝、ある子どもの保護者から、「昨日、クラスの子にいじめられて、学校に行きたくないと言っている」と連絡が入ったら、どのような対応をするか

と、ちょっと考えただけでも、こんなふうに日常的に起こりうることがわんさかあります。それらへの対応は、引き延ばすことなく、一つ一つ、その場その場でやっていかなくてはなりません。もちろん、時として管理職や学年の他の先生の力を借りないといけないようなこともあるでしょう。そういう場合は遠慮せずに相談して、協力を得たり、助言してもらったりすることが大事です。しかし、毎回そんなふうにしてもらってばかりにもいかないでしょうから、やはり個々の対応力が必要になってくるのです。

このようなときに「初期対応」を間違えてしまうと、あとあとボタンの掛け違いが起こり、どうにもならなくなることがよくあります。ですから、はじめの対応を素早くする必要があるのですが、すぐに対応しないといけないからといって、いい加減にしてしまうと、大変なしっぺ返しを食らうことだってあります。

そういう意味からも、教師にとって「対応力」というのは、若いうち、経験の浅いうちから、しっかりと培っておく必要があるのです。

第四章

いじめ問題と学級づくりを考える

時間を守ることは、人権を大切にすること

平成22年2月18日

これまでに皆さん方もよく経験していることでしょうが、会議や研修会などが、どうも時間どおりに始まらないということがよくあります。それは校（園）外でも校（園）内でも同様で、当たり前のようにそうなってはいませんか？　それを昔からよく〝○○時間〟などと言って片づけてしまっていることもありますが……。

そして、あなたはその中で、「開始時間が遅れる原因」を作る方の立場ですか？　それとも待たされる方の立場ですか？　時と場合によって違う、という人は少ないはずです。それ時間をきっちり守る人はいつもそうですし、守れない（守らない）人はいつもだいたい遅れてきます。その一部の「守れない人」のために、いろいろな会の開始時間がズレてしまうわけです。でも、当の本人はそれをあまり意識していないかもしれません。

以前、私が学校現場にいたとき、校内の会議や研修会によく遅れてくる若い教師がいました。そのためにいつも始まりが十～十五分ほど遅れてしまうのです。あまりに頻繁なの

で、なぜ来るのが遅れるのか？　と本人に訊いたところ、「はい、子どもを残していたんで……」と答えるのです。遅刻が滅多にない人なら、きっと今回は何か問題があったので仕方なかったんだな、というふうに思えますが、彼はしょっちゅうなのです。ですから私は思わずこう言いました。

「君だけじゃないよ。みんな子どもを残したいのをなんとか切り上げて、こうして集まってるんだ」

「子どもを残して」ということを〝水戸黄門の印籠〟のように使うのはどうかと思います。その彼の行動によって、時間どおりに来ていた多くの人は「待つ」ことで自分の大切な時間をずいぶん無駄にされてしまうのですから。

校（園）外の研修会や会合でも同様です。例えば始まりが「十五時から」ならば、多くの人は十五時少し前に着くようにします。もちろんそのためには、時間に間に合わせる工夫もそれぞれがしていることでしょう。授業が六時間目まである日だったら当然、授業を途中で抜けて来なければいけない人もいるはずです。それをやりくりして十五時に間に合うように来ているわけです。ところが、会場に行ってみればまだ二、三人しか来ていなかったら、泣きたくなりますよね。子どもたちには連絡帳を先に書かせ、「しっかりやっておいてね」と言い聞かせて、時間に遅れないように必死で来たのに、「これかぁ……」となってしまいます。

　そんな状況では当然十五時になんて始まるはずもありません。進行担当者が、「まだ皆さんお見えじゃないので、もう少し待ってください」などと言って、こちらは内心「冗談じゃない、必死でやり繰りして遅れないように来たのに！」と思いつつ待っていると、十分、十五分が過ぎて徐々に来る人が増えてきます。中には半分以上時間が経過した頃に平気な顔をして来る人もいます。それが、たまのことならいいのですが、遅れてくる人はだいたい決まっているのです。そして、もし遅れた理由を聞いたら、先出の若い教師のように「子どもを残してたから」とか「学校が遠いので」といった言い訳をするのでしょう。でも、参加する人の条件は皆、同じようなものなのです。

　このようなことが続くと、他の人たちも「次は少し遅れてもいいか」と思うようになり、ついにはその会に出席する意欲そのものも薄らいできます。そして、せっかくのいい会も、参加者が少なければ中身が充実しません。そのようなことへの空しさを感じている先生方も多くいるのではないでしょうか。遅刻するのも仕方がない場合もあるでしょうが、「少しぐらい遅れても……」と常習になっている人は、考えを根本から変えないといけないでしょうね。

　さて、第三章内で述べた「教師に必要な『三つの力』」（一四六頁参照）の中で、そのうちの一つに「処理（能）力」を挙げましたが、まさに「時間を守る」ということがその中身の一つになります。「時間を守る」のは非常に大きな要素です。例えば、「授業の始まりや終わりの時間をしっかり守る」ということです。仮に教師が毎時間の始まりに五分遅れて教室に行ったとしたらどうなると思いますか？　小学校高学年のケースでざっと計算してみましょう。授業期間が一年間で約四十週あるとしたら、週三十時間なので、

5分×30時間＝150分

一週間に百五十分、時間を無駄にすることになります。

150分×40週＝6000分

そして、一単位時間は四十五分ですから、

6000分÷45分＝約133単位時間

133単位時間÷6時間（1日）＝約22日

一年で約二十二日の無駄となり、週五日なので、週にすると四週と二日間を無駄にしていることになります。

これはあくまでも計算上のことですから、厳密にはこのとおりではないでしょうが、少なくとも、教師が時間にルーズでいつも授業に五分ほど遅れてしまうことで、子どもたちは年間約一ヶ月ほどの学習時間を失ってしまうことになるのです。もっと端的には、子どもたちの学習時間を「一ヶ月も奪っている」と言えなくもありません。中には授業開始時

間になってから先生が来るまでの間に学習をさせておく「学習班」なるものを作っているクラスもあると聞きますが、冗談じゃありません！

「自分は会議にはよく遅れるが、授業は必ず、チャイムが鳴る頃には教室に行って、すぐに始めている」という人もいるかもしれませんが、人の「習性」というものは場面場面でそう容易く変えられないと思います。特にこの「時間の観点」については、生活習慣での意識そのものを直していかないと、なかなか実行できるものではありません。

「時間を守る」ということは、同じ空間で自分と時間を共有する人を「大事にする」ということにもなります。授業の始まりに遅れないのは、子どもたちを大事に思っていることであり、会議などに遅れないのは、そこに集まる人たちを大事にしていることです。ですから「時間を守る」ことは、まさに相手の「人権を大切にする」ことだと言えるのではないでしょうか。

いじめは芽のうちに

平成24年10月22日

全国各地で「いじめ」事象が発生すると、その都度マスコミは教育委員会・学校側の対応のまずさについてあれこれと報道します。特に滋賀県大津市での事象があって以後は、いじめが世間の注目を大きく集めているところです。また「教育無力論」的な意見までもが出されている現状を見て、言われていることは確かに当たらずといえども遠からずと感じるところもないとは言えません。しかし、そのような指摘には何か欠けているところもあるのではないかと思うのです。

それは、早期のいじめへの対応・対策のあり方や必要性についてあまり取り上げられていないという点と、学校のみに焦点が当てられ、家庭での気づきや、保護者の指導性の問題には触れられていないということだと思います。でも、いずれにしても学校の責任が大きいということは間違いありません。

さて、人間が数人集まれば、どんな社会や集団でも上下関係や優劣が生まれるのが普通で、そこからはどうしても「いじめの芽」のようなものが発生し得るものです。そんなものはなければいいと思うのですが、残念ながら人間が個々に自己主張をしたり、自分と相手を比較したりしてしまうことでそうなるのです。

年齢が低くても、その時々に相手をうらやましがったり、さげすんだりすることもあります。しかし小学校低学年頃までは、集団の中の各個人の位置付けが一定していないので、やっかみ半分などで、「いじめ」というよりも「意地悪」をしたりすることは多々あるでしょうが、陰湿な「いじめの芽」が見られるのは、やはり小学校の中学年、高学年からでしょうか。

いじめ事象があったときに、加害側の子どもはよく、「何もしてない、遊んでただけや」とか「面白いから、ちょっとやっただけや」と言うことがあります。加害側の親でさえも、「うちの子は、ただ遊んでただけと言ってる。いじめてたわけではない」と主張することがあります。確かに遊びから始まったのかもしれません。また、面白半分にやっていたのかもしれません。しかし、相手がそれを苦痛に感じたり、つらい思いをしたりしたのなら、それは「いじめ」につながるのではないでしょうか。面白いのは自分だけ（面白がっている側だけ）であって、相手にすればたまったものじゃありません。

相手が面白くなかったり、嫌な気持ちだったりしていることがわかったときには、しつこくしないでやめるべきです。ところが、いじめの陰湿なところは、相手が嫌な気持ちになればなるほど、余計に面白がって続ける、エスカレートしていくところなのです。

最近はテレビのどのチャンネルでも「バラエティ番組」が放映されていますが、その司会や進行役は芸人であることが多いものです。そして、ほとんどのバラエティ番組はパターンがだいたい同じであり、司会の芸人が進行する中で必ずと言っていいほど、出演者の中で一番いじりやすい人を集中的に面白おかしく貶《おとし》めて笑いを取ります。他の出演者もそれをいさめることなどなく、はやし立てたり笑ったりしてその場を盛り上げようとしています。

この風景、クラスの中でも見かけることがありませんか？　バラエティ番組ではみんな芸人・芸能人ですから、貶められている人もいやいやでも割り切っているでしょうし、視聴者側の私たちもテレビ番組でのことだからと割り切って見ていられますが、クラスでの子どもたちはそうはいきません。

ひょっとしたら、自分がちょっと嫌なことがあった腹いせに、クラスの中の力の弱い子に対して、テレビのバラエティ番組で見たのと同じようなことをする場合があるかもしれません。子どもはいいことでも悪いことでもすぐに真似をしますから、周りの大人や友だちは、気がついたら注意してやることが必要です。注意すればおそらく、前述のように「遊んでただけや」「面白いから、ちょっとやっただけや」などという言い訳をするでしょうが、それで収まるかもしれません。でも、周りから注意を受けなければ、そうした発言や行為は徐々にエスカレートしていくこともあり、深刻ないじめへと発展するかもしれません。

もちろん、すべてのバラエティ番組がそうだとは言いませんが、私たちが普段何気なく見ているテレビ番組を、ひょっとしたら子どもたちが面白半分に真似して、大変なことが派生するかもしれないということです。「そんなこと……」なんて思わずに、保護者の方々もよく注意しておかなくてはいけないことだと思います。

また学校では、このようなことを反面教材として、子どもたちに何が問題なのかを考えさせることで、普段の学校生活の中で「いじめの芽」をしっかりと見抜ける力をつけることにもなると思います。これこそ初期の積極的ないじめ対策でしょう。

同じテレビ番組でも、ニュース番組のインタビューなどでは、「うちの子が学校でいじめられたら……」という心配を言われる保護者がたくさんおられます。確かに子を持つ親としては心配で仕方がないでしょう。それが生死に関わるほど深刻なものならなおさら、親としてそのようなことが絶対に起こらないようにと願うのは当然のことです。

しかし、いじめがあるということは、いじめられる側に比べ、間違いなくそれ以上のいじめる側の子どもがいるわけです。ましてや、それを囃し立てたり笑って見ていたり、また見て見ぬふりをしている、いわゆる「取り巻く側」にある子どもたちの数はもっと多いでしょう。親として、「うちの子がいじめをしたら、どう注意すればいいのか」「いじめを見ても、注意したら今度は自分がいじめられるんじゃないかということもあるので、子どもにどう言ってやったらいいのか」といった心配はないのでしょうか？　そんなことは想定外で、想像もしていないのかもしれません。でも、いじめる側・取り巻く側の子どもたちの方がはるかに多いのです。ですから、そんなことも含めていろいろなケースを想定しながら、親として子どもとしっかり接してもらいたいものです。

ただ、このようなことは、普段の何も起こっていないときに、学校としてしっかりと保護者に啓発しておくべきことではないでしょうか。いざ実際に事が起こってからでは、保護者はなかなかそのようなことは受け入れてもらえないでしょう。家庭で、子どもの様子で何か気がついたことがあれば、すぐに学校と連携を取り合える関係を作っておくことが何より必要なことです。

クラスが崩れるとき

平成26年5月19日

「学級崩壊」という言葉はとても嫌な言葉ですが、最近クラス経営がうまくいかない学級が増えてきています。もちろん以前からそういう学級もあるにはあったのですが、学級崩壊はいわば特殊なこととして見られていたように思います。しかし、今はどこの学校でも似たようなことが起こっています。

これは、「学級の土台は、はじめの二ヶ月で作る」ということと大きく関係しています。はじめの二ヶ月で土台をつくるどころか、近頃はその反対にはじめの二ヶ月で学級が崩れ始めてしまうような傾向がよくあるのです。六月頃にはもうすでに子どもたちは担任を下に見てしまって収拾がつかなくなっていたり、授業がなかなか成立しづらくなってしまっていることだってあります。この原因はどこにあるのでしょうか？

若い、ましてや新任の担任が子どもたちとの接し方を間違え、指導者としての教師と、学習者としての子どもたちとの間に一線を引けなくて、特に授業という場面で友だち付き合い的な感覚を保つことで子どもたちの気持ちを引こうとするのも一因だと言えます。常に線を引いているのもいけませんが、一定のけじめをつけた接し方は必要です。そのためのよい場面設定として、「授業中」と「休み時間」の「ON・OFF」をきっちりと分けて子どもたちに接することが大事なのです。授業の場面では、教師としての素晴らしさと、人生の先輩としての奥深さを子どもたちに見せ、一方で休み時間などには全く違う人間性も見せたらいいと思います。その落差があればあるほど、子どもたちは先生のよい人間味を感じるのでしょう。

それと、原因としてもう一つ考えられるのは、子どもたちは何についても「うまくすり抜ける」ことが上手だということです。担任がちょっと手綱を緩めると、都合のいいように考えて、そこからどんどんと侵食してしまいます。だからといって子どもたちにきつい言葉、ましてや雑な言葉遣いをしなさいということではなく、「言葉優しく、中身厳しく」ということです。決めたことは徹底してやり通すことも必要ですし、気になったことは、言葉は優しくても注意を与えることです。

子どもたちにはどんな形でも「認める」姿勢が教師には必要です。彼らは担任や他の先生方に「認めてもらう＝認識してもらう」ということを望んでいるのです。認めるということは「誉める」だけではなく、「ダメなことはダメ」と言い切ることでもあります。子どもたちは先生にしっかりと関わってもらいたいのです。それを、つい忙しさの中であと回しにしてしまうと、そのうちに忘れてしまうことになります。子どもたちはそんなときに、抜け道をすり抜けることを覚えてしまうでしょうし、それが重なると教師を下に見るということにもなります。

小学校の中学年のクラスでこのような崩壊が起こってしまうと、大変しんどくなります。そうなると高学年でそのマイナスをゼロに戻す作業だけでも大変で、創造的なことが学級としてやりづらくなります。ましてや学級の枠だけではなく、学年全体がそのように崩れてしまうと、それこそ大変です。

また最近では、低学年のうちからクラスが崩れるといった状況もあります。一年生でよく言われる「小1プロブレム」がいつまでもなかなか収まらず、そこからさらにクラスの荒れに発展してしまうケースもあります。このようなときには、後追いの取り組みではダメです。後手後手に回ってしまって、元に戻りづらくなります。

そうならないためには、やはりポイントを決めて、担任はそのときの信号（子どもやクラスの様子の違い）を見過ごさないようにしないといけません。例えば、教室の空気がいやに埃っぽくなったり、ロッカーの整理が雑になっていたら、学級づくりの黄信号です。また、低学年では椅子にしっかりと座れない子が増えてきたら、黄色を超えて赤信号です。しかし、担任によってはそのようなことが見えない、いや、目には入っているのでしょうが、しっかりと見ていない（認識できていない）人がいるのです。例えば、足を横に放り出して座っている子がいても、前からは見えにくいことがあります。そういう場合は机間指導でちょっと後ろから全体を見渡してみればいいのです。前からでは見えにくいことも、後ろからならよく見えることもあるはずです。そういったことを意識できるどうかも、担任としての力量なのかもしれません。

しかし、ともかく気になることがあったり、クラスが崩れかけている兆候が見え始めたら、早く手を打つことが先決です。何もしない、ましてや一人でくよくよと考えていてはいけません。クラスの様子が少し悪く変わってきたときに、担任が一人で思い悩んでいても、そこからは何も生まれません。そんなことが見えるようになった自分をすごいと自負して、素早く手を打つか、学年の他の先生や管理職の先生などに相談することです。教育アドバイザーの先生に相談してもいいでしょう。

一番まずいのは、見えていても一つも気にしないことですが、気になっているのにそのままずるずると放っておくこともダメです。教師は、何かあったらその場その場で素早く反応し、そして的確に判断することが求められます。くよくよと思い悩んでいる暇などはありません。ただし、すぐに動くかどうかは別問題です。というのも、思いついてすぐに動くと、それがマイナスに働いてしまう場合もあるからです。思いついても、一瞬じっと考えて、こうだ！　と決めて動くようにしてください。それは、くよくよと「どうしよう……」と思い悩むこととは違います。思慮深く判断しよう、という意味です。

いずれにしても、しっかりと子どもたちを理解しながら接していくのですが、決して子どもたちに対しての指導で腰が引けないことです。また、「ああ、クラスがこんなふうになっていることを、他の先生に知られたら嫌だなあ……」なんて思っている場合でもありません。そんなときこそ、学校全体の力も借りるといいのです。こんなときにこそ、一人の教師の「個人の力」だけでやるのではなく、学年・学校全体がチームとなっていい方向を探っていくということです。

若手は、クラスが少し崩れかけたら、自分一人で持ち直すことは本当に難しいのです。なぜなら、そのような経験がないからで、どうしたらいいかをなかなか考えつかないのです。そんなときにこそ、さあ、みんなで対応に当たりましょう。

集団づくりについて

平成24年5月18日

子どもたちにしっかりと学力をつけ、そしてそれを伸ばすことは、子どもたちの自己実現、また夢の実現のための大きな武器になります。「どうして勉強しないといけないの?」という子どもたちの素朴な疑問への答がそこにあるわけです。「学力」が、子どもたちの「なりたい」夢を「なれる」に実現していくための大きな力となるのです。

では、「どうして?」ということですが、例えば「弁護士になりたい」とか「看護師さんになりたい」と思ったとしましょう。そのためには、まずは弁護士や看護師の資格を持たなくてはなりません。ということは、わかりやすく言えば、義務教育である小学校・中学校を卒業して、とにかく高校に進むことが第一関門です。そうしないと、普通は大学や専門学校には進めません(もちろん高校に行かなくても高卒認定〈大検〉の資格を取得すれば可能でしょうが、それにもある一定の学力が必要です)。要するに、まずは高校に入学できる学力が必要になってくるわけです。

しかし、一人一人が自分勝手に学力をつけていけるわけではありません。少なくとも学級集団として行動する中で、互いにつながり合うことを通して、それぞれの学力や人間性を培っていくことが必要だと思います。「自分には学力さえつけばいい」という考え方もあるかもしれませんが、学校ではトータルに「人としての生きる力」をつけていくことを目標としているのです。決して「他とのつながりなど、どうでもいい。自分に学力がつけばそれでいい」というような考え方ではないのです。

「みんなでつながり合って伸びていく」ためには「集団づくり」の意識が必要です。集団づくりは、単に人数が集まればそれでいいというものではありません。そこを勘違いすると、「群衆づくり」しかできていないということになります。では、「集団」と「群衆」はどう違うのでしょうか？　それは、目的意識を持っているかどうかの違いだと思います。集団づくりと言っていても、その集まりにしっかりとした目的・目標、目指すものがない限り、それは集団ではなく「群衆」であり、単に群れをなして集まる「かたまり」でしかないのです。

ですから、「学級集団づくり」というからには、しっかりとした目的意識、クラスとして進む方向を示してやらないといけません。例えばよく言う「〇〇さんを真ん中にすえた学級集団づくり」といったことです。「〇〇さん」とは、学力や生活背景などで課題を背負っている子どもということになりますが、でもそれは決して〇〇さんのためだけではありません。〇〇さんを取り巻くすべての子どもがつながり合って、ぶつかり合って、集団の質が高まっていくということで、〇〇さんが伸び、そして個々が伸びていくのです。このようなことは、それぞれの学校で今までに多くの素晴らしい実践があるはずですから、若手の先生方はぜひ、その実践を先輩の先生方から聞くようにしてもらいたいと思います。

次に、そのような集団づくりを考えていく際の活動で、全体的なこととして考えておかなくてはいけないのは、子どもたちに「男・女」の間違った意識を持たせないことです。中には自然な形で「男女仲良く」ということができる学年もあるでしょうが、普通は男女がどうしても意識して離れてしまいます。嫌でもないのに嫌な態度をとったりすることもあり、特に小学校の中学年から高学年になるに従ってそういう傾向が強くなります。

昔、びっくりした出来事がありました。五年生の新学期、クラス替えをしたあと教室に行ってみると、なんと教室の左半分に男子、右半分に女子が座っているのです。別に座る位置を指示されたわけでもないのに、きっちりときれいに分かれて座っています。「なんで……?」と思ってしまいました。それを担任が放置していると、クラスは一つにつながらなくなってしまいます。私は高学年の担任ばかりでしたので、そのようなときのとっかかりに、よく「フォークダンス」を使って、男は男、女は女という変な意識の払拭を図りました。これはかなり有効です。子どもたちは最初は嫌な仕草を見せますが、そのうちに変わってきます。これは試してみる値打ちはあると思います。いずれにしても、「給食のときに、女子が周りを意識せずにお代わりに行ける雰囲気」が一つの目安になるかもしれません。

さらに、このような集団づくりの取り組みで、小集団づくり、言い換えると「班」を作るときにどのようにするかも大切なことです。班といっても、掃除や給食時などのための「係活動」を目的とした「当番」だけのことなら、あまりいろいろと考えないでもできます。しかし、日常の遊びなどを「班遊び」として組織したいという目的の「生活班」、授業中の話し合い活動などを目的とした「学習班」の班づくりは、意識して作っていかないと難しいものがあります（もちろん、「生活班」と「学習班」が合わさった班づくりでも同じです）。その班づくりの際、「子どもの意識を大切にした班づくり」と「教師の意図を出したトップダウン的な班づくり」という、二つの全く対極な考え方があります。

これは、どちらがいいとか悪いとかということは一概には言えませんが、子どもたちの発達段階に即したことをしないといけません。「班長を選挙で選んで、その班長が班員を指名していく」といったやり方の実践を聞いたことがありますが、それを小学一年生や二年生でやったらどうなるでしょう？　たぶん教師の思いどおりにいかなくて悩んでしまうでしょう。それは当然のことで、子どもの発達段階を考えずにやるからです。子どもたちの今の状況、力量をじっくりと見定めて考えていく必要があるのです。

そのあたりも、管理職の先生や先輩の先生はすでに実践されてきていますから、若手の先生はよく話を聞いてからやってほしいと思います。

班づくりを通して

平成26年11月4日

学級経営において、小集団をもとにした取り組みはよく行われていることです。いわゆる「班」を作っての活動です。これも、学級集団がきちんと運営されているからこそ、その効力もあるわけで、学級経営がうまくいかず、学級集団づくりもきっちりできていなければ、班の活動も自ずと活発にはならないでしょうし、班の存在も有名無実になって、ただ漠然と数人が集まっているだけ、というようなことにもなりかねません。

その班も作り方はさまざまですし、班の目的も、遊び活動などを活発にするための「生活班」、給食や清掃を行ったりするための「当番班」、授業の中で話し合いや教え合い活動をすることを目的とした「学習班」などいろいろあります。

私の場合は、基本的には班は学期に一回程度しか作り替えませんでした。それは学習班・生活班・当番班などを兼ね備えたものです。班の構成は、たいていは私自身が各班の目当てのようなものをもって決めてはいましたが、高学年でしたので、時には子どもが自分たちで決めるという場合もありました。

あるとき、班長が立候補して、その班長が班員を決めていくというやり方を取り入れたことがあります。班長はまず自分の班の目標（目指すもの）を出し、それに従って班員を選んでいきます。それは班長会議で話し合いながら行い、すべてが決まったところでクラス全体に報告ということになりました。

そのとき、ある班長が「忘れ物をしない班」という目標を出しました。私は「目標としてはちょっとどうかな……」とも思ったのですが、一応認めました。しかし班員が決まった時点でそのメンバーを見て驚きました。その班長が班員に選んだのは、みんな忘れ物などほとんどしない子たちばかりなのです。「何考えてるんや！」と思いました。班は自分たちの目標に向かって努力して頑張っていくためのものです。でも、この班は何も努力しなくても、今までどおり忘れ物などしないで十分いける構成なのです。

「これではダメやろう。もともと忘れ物なんかしそうにない子ばっかり選んで、『忘れ物をしない班』なんておかしいやろ？　例えば、よく忘れ物をしてしまう子を、班のみんなの力で忘れ物をしないようにして、班のみんなが忘れ物をしないようになって……というのでなかったら、目標の意味がないのと違う？」

子どもって、わかっているようでもそんなところもあるのです。そのときは、そこでもう一度、観点をしっかりさせて班の組み替えをしました。

もう一つ例として挙げるのは、「子どもでもそこまで考えているのか」というような出来事です。

班を作って一定の月日が過ぎ、班替えをすることになったのですが、一つの班だけがそれに反対しました。「もう少しこの班でやっていかせてほしい」と言うのです。普通、そういう場合は班として居心地がいいとか、うまくいっているからこのままにさせてほしいということなのですが、この場合は少し違っていました。うまくいっていないわけではないのですが、まだ十分に班として活動できていないところがあり、班のメンバーもまだしっかりとつながっていないので、このまま次の班になってしまうと、この班での成果を次の班で生かせないと言うのです。

至極理にかなった話で、「うまい言い訳だな」と私は思いました。今の班でいた方が慣れていて過ごしやすいから、そんな理屈を考えたのだろうと想像してしまったのですが、実際は私の方が間違っていました。

「私たちのこの班は、他の班に比べてうまくまとまってないと思います。見ていると、他の班は班活動だってうまくできています。でも、私たちの班はそれぞれがつい勝手な行動をしてしまうことがあるので、すぐに言い合いになってうまくまとまりません。班長の私がうまくまとめられないのかもしれませんが、いつも一つになって行動できないのです。だから、もう少しの間だけ、この班でいさせてほしいのです」

班長であるその子の申し出に、私はびっくりしました。普段見ていて、この班はよく話し合いをしているという印象があったのですが、それは揉め事を抱えていたからだったのかもしれません。正直なところ、表立ってぶつかっているような部分はあまり見えなかったのですが、しかしそれは、私がしっかりと彼らを見ていなかったから、わからなかっただけなのでしょう。そこで彼らの考えを、クラスの中に投げかけました。すると、こんなふうなさまざまな意見が出ました。

「やっぱり他の班と一緒に、班を替える方がいいと思う」

「この班の人たちも、次の班でその失敗を生かして頑張ればいい」

「そこまで言うのなら、この班だけこのままいかせてあげてもいいんじゃないか」

「この班はこのままにして、よりつながりを取れたところで、また班替えをするのもいいのでは?」

一人が言った意見になびいてしまうのではなく、それぞれが自分なりの意見を出せるようになったのは、子どもたちの成長の証だと思いました。とにかくいっぱい意見が出されたことに私は驚きました。

結局、話し合いの末、この班だけもうしばらくこのまま続けるということになりました。それがいいのかどうかは、そのときの私にも何とも言えないものでしたので、私は子どもたちが出した結論に従うことにしました。

それから二、三週間が過ぎたある日、その班のみんなが、「十分ではないけれど、前よりも意識的な班活動ができて、班員のこともいい部分をずいぶん知ることができた」ということを言いに来ました。そして、改めて班をクラスのみんなで作り直そうということになりました。その班以外の子どもたちは、それを待ってくれていたようで、「せっかく新しい班で慣れてきたところやのに……」というような意見は一つも出ませんでした。

このことを通して、「班」の意味を、そして必要性を、子どもたちなりに感じることができた数週間だったと思います。もちろん私自身にとっても、「班のあり方」そして「班活動が目指すこと」を考える機会として、いい出来事でした。

「私たち、こうしたいんです」

平成25年1月22日

私たちの日々の教育活動で、「今日はうまくいった」と思えるのは極まれなことかもしれません。しかし、まれなことだからこそ、そう思える日を一日でも多く作れるように、毎日頑張っているのではないでしょうか。

「今日はうまくいった」と思える中身は人によって、またその時々でも違うでしょうが、皆さんはどのようなときにそう思いますか？

しっかりと授業細案（学習指導案）を練っていった授業がばっちりと決まったとき、○君の笑顔が見られたとき、前の日までもめていた学級のごたごたがうまく話し合いができ解決したとき……いろいろとありそうです。

学校生活で、特に教師が意図した学習活動で、子どもたちが「私たち、こうしたいんです」とか「ぼくたち、こうしたかったんや」というように展開できれば、教師にとっては素晴らしいことです。それがなかなかできなくて、つい「こうします」「こうしなさい」

と指示することになりがちです。そういうときは往々にしてうまくいかないものです。

普通の社会生活の中でも、他者に自分が思っているとおりに物事をやらせるために、大きな声で怒鳴りつけたり、ひどいときには恫喝したりすれば、やらせられないこともないでしょう。先生方も今までにそんな経験をしたことがあるかもしれません。大人の場合は、その場の雰囲気や前後の状況を考えて、言われたことは一応やるでしょうし、子どもの場合は怖さからやるということになるでしょう。でも、そうして無理やりにやらせても、それが実際に「実」があるかどうかは疑問のあるところです。なぜなら、いくらこちらが無理にやらせたとしても、その人の「心」までは変えることはできないからです。仕方なくやるとか、決して心底やりたくて、また快くやっているということではないので、長続きしないでしょう。でも、子どもたちが心から「そうしたい」と思えるようにするには、時として「仕掛け」が必要なこともあります。

では、学習活動で一つ実例を挙げてみましょう。私は五年生を担任すると必ず、社会科ではまず県庁所在地を覚えさせるようにしていました。これはさほど難しいことではありません。都道府県名と県庁所在地の名前が違うのは四十七のうち、札幌・盛岡・仙台・水戸・宇都宮・前橋・横浜・甲府・金沢・名古屋・津・大津・神戸・松江・高松・松山・那覇の十七（以前、埼玉県は浦和だったので、当時は十八）ですから、それを覚えればいいのです。県庁所在地の次は、全国の市町村名を地図帳から抜き出して、順に覚えていきます。これには八つ切り画用紙を四つに切って、その一枚一枚に都市名を大きく書きます。子どもたちはそれを「カード」と呼んでいました。そのカードをこちらが順に提示して、子どもたちは素早く反応してその都市がある都道府県名を言うのです。それがある程度覚えられたら、次は地図にある全国の河川・平野・盆地・湖・山脈・湾・半島などの地形を覚えて、私がカードの都市名を示したら、その都市にある地形名を言うのです。

はじめのうちは覚えるのに個人差もあり、子どもたちみんなが面白いと思ってくれるわけではありませんが、少しずつ覚えていくにつれて、どの子もみんな、答の県名や地形名を言いたくて仕方がなくなるので、必死にもっと覚えようとします。

やがて、子どもたちは新しい都市や地形の名前を覚えてくる宿題を「楽しい宿題」と呼ぶようになりました。宿題で楽しいなんて、すごいと思いますよね。ある保護者が笑いながら、「先生、この頃うちの子、テレビを見ていたらうるさくて仕方がないんですよ」と言われたことがありました。何のことかと訊いてみると、テレビのニュースなどで市町村名や川などの名前が出てくると、「お母さん、これ〇〇県やで」「はい、これは△△県」とうるさく言うとのこと。それを聞いて私は「よし、よし」と心の中でほくそ笑んだのでした。それで、そのカードは授業以外にもちょっとした休み時間などに、みんなで使って答えっこしてもいいよ、と子どもたちの「競争心」のようなものを煽っておきました。

さて、五年生の七月になったある日、I君がこんなことを言ってきました。

「先生、みんなが言ってるんやけど、今度の林間学校にもう一つナップサックを持っていってもいいですか？」

「どうして？」

「みんなが、『お前、学級代表やからナップサック二つ持っていって』って言うから……」

「なんで二つもいるの？」

「はい、カード入れて林間学校に持っていきたいんです」

「え～！　林間にカード？……持っていくの？」

「はい、みんながそうしたいって言ってます」

私は、こちらが仕掛けたことにそこまで熱中してくれたのかと、思わず「ヤッター！」と心の中で叫んでいましたが、思わぬことでしたので、一応は終わりの会でみんなに尋ねることにしました。

「どうして林間学校にカードを持っていきたいの？」

「面白いから、向こうでカードやりたい。キャンプファイヤーの出し物でやりたい」

「出し物は無理やね。他のクラスの子、カードやるって言ってもわからんのとちがう？」

「ああ、そうか」

「じゃあ、自由時間のときに、クラスで集まってやりたい。自由時間あるんとちがうんですか？」

「そら、あるけど……、そんなんできるかなあ」

と言いながらも結局、自由時間のときだけは使ってもいいと、私は心の中で笑いながら、持っていくことにOKを出しました。

そして林間学校の当日。I君は予定どおり、もう一つのナップサックにカードを詰めていきました。途中で他の子も交代でナップサックを持っていました。そして、自由時間には男女みんなが集まって車座になり、誰か一人がその真ん中でカードを上に上げてみんなに見せ、手を挙げた子を当てていました。大広間でやっていたものですから、他のクラスの子どもたちが「何してるんやろ？」といった顔で見ていたのが印象的でした。

このように、教師が「子どもにこんなことをさせたい」と思っていたことを、「私たちがしたい」と思わせることができたら、教師としては爽快です。

その後も、外に出ない休み時間には、教室の前にカードを持ってきてはみんなでやっている風景がありましたし、学習参観では、たとえ社会科の時間でなくても、子どもたちは「はじめの一〇分、カードをしてほしい」とこちらに要求するほどでした。教育の真髄はこんなところにあるのかなあ、とつくづくと感じました。

第五章

親・教師は子どもの生活習慣の手本

挨拶はすべての始まり

平成22年10月19日

最近、地域の方々からよく、「子どもたちの挨拶があまりできていない」という話をうかがいます。各学校・園で子どもたちの挨拶についてはずいぶん指導をしてもらっているのに、どうして？　という感じなのですが、そのような声を聞くのです。

「挨拶をする」ということについては、非常に複雑な問題も含んでいるように思います。やはりこれには平成十三年六月の附属池田小学校事件がある意味で影響しているところもあるのではないでしょうか。

それまでは私たち大人は、子どもたちには、「道で会った地域の人には挨拶をしましょう」と指導するのが当たり前でした。ところがあの事件以後（もちろん、その前後にもそれに類した出来事がずいぶん発生していましたので）、道で会った人にはむやみに声をかけない方がいいという風潮が出てきました。地域の顔見知りの人と見ず知らずの人が、ごっちゃになってしまったところがあるのですが、親からすればやはり、「道で声をかけられても、やたらと話をしちゃダメよ」ということになってしまうのでしょう。

以前、ある小学校のPTAの会長さんから聞いたのですが、あるとき校区を歩いていて、下校途中の子どもたちに「さようなら」と声をかけたところ、どうやら不審者と間違われたようで、後日のPTAの会議でこんな話が出たそうです。

「先日、ちょっと聞いたんですが、ある子どもが学校から帰るときに、○○のところで知らない人に声をかけられたらしくて……。気をつけないとね」

なので、その会長さん、

「それ、ひょっとしたら僕のことと違うんかなあ？」

と言ったという、笑うに笑えないような話です。

でも、地域での挨拶は、お互いつながり合うためにも本来は大事なことです。

さて、子どもたちの安全を守るということについては、最近はどの校区でもさまざまな団体や個々の方々がたくさん「子ども見守り隊」に登録してくださり、辻々で立っていただいたりしていますので、子どもたちも安心して登下校できています。そのような方々には、子どもたちも当然、挨拶をしているのでしょうが、見守り隊の方々からは、「子どもたちはこちらが声をかけても、なかなか大きな声で挨拶ができないんです」と言われることがあります。子どもたちは朝会などのときに、一斉に大きな声でみんなで挨拶をすることには慣れていて、よくできるのですが、個々に「おはようございます」「こんにちは」「さようなら」といった挨拶をするのは苦手なのでしょうか？　いや、苦手というよりも、その習慣が身についていないという方が適切かもしれません。例えば、中学校で挨拶週間を設けて、校門前でＰＴＡの方々や先生方が一斉に立って挨拶をしているときには、子どもたちも「おはようございます」と返すでしょうが、個々に行き帰りの道などで挨拶するということはなかなかできないようです。

その要因は二つあるように思います（といっても、もとは一つのことですが）。

まず一つ目は、家庭や地域で挨拶する習慣が以前よりも少なくなっているのではないかということです。もちろん、家庭によっては朝起きたときには「おはよう」、出かけるときには「行ってきます」「行ってらっしゃい」、帰ってきたら「ただいま」「お帰り」、食事のときには「いただきます」「ごちそうさまでした」、寝るときには「おやすみ」、そういった挨拶が当たり前に交わされているでしょうし、近所の人にも「今日はいい天気ですね」「この頃、ずいぶん涼しくなってきましたね」とまで言わないまでも、「おはようございます」「こんにちは」「ただいま」といった最低限の挨拶はなされていると思います。しかし、そのようなことがだんだん少なくなってきていることも事実です。そのために、一対一の挨拶がなかなかできないということがあるでしょう。

二つ目は、先生方も子どもたちには「挨拶をしなさい」と指導するものの、自分自身はどうでしょうか？　朝、子どもたちに会って「おはようございます」と一人一人にしっかりと挨拶をしていますか？　私は子どもたちに「おはよう」ではなく「おはようございます」と挨拶していました。教師が「おはよう」と言ったら、子どもも「おはよう」と返してしまうからです。一対一で挨拶をするのですから、やはり「おはようございます」と言う方がいいように思います。先生方には率先して、子どもたちにこちらからそう挨拶をしてほしいと思います。

それと、先生方同士の挨拶はどうでしょうか？　先生同士は、挨拶をする人としない人がはっきりしています。でも､やはりこれも大きな声でちゃんとやってほしいと思います。以前、朝に校区を回って職員室に戻ってきたところ、数名の先生方がいたので、私が「おはようございます」と挨拶をすると、全く反応がありませんでした。そこで先生方にそのことを指摘すると、次の日からはちゃんと挨拶が返ってくるようになりました。「やればちゃんとできるじゃん」、そう思ったものです。もちろん、教師同士の挨拶も、子どもたちがそばにいればその挨拶の様子を見聞きするのですから、子どもたち自身も挨拶しやすくなります。

この、家庭での挨拶と先生方の挨拶の二つのことは、以前書いた「子どもは大人を映す鏡」（一四頁参照）の中身と同じことなのです。子どもたちは「挨拶」でも、知らず知らずのうちに家族や地域の方、そして先生方を真似て手本にしていると思います。家庭や地域で親や家族が挨拶をしていなければ、子どももしません。学校で先生方がお互いに、また子どもたちと元気よく挨拶をしなければ、いくら「挨拶をしなさい」と指導してもなかなか定着しません。

時折、学校訪問をして、休み時間などに廊下を歩いていて子どもたちと出会うことがありますが、そのときにどの子も「こんにちは！」と元気よく言ってくれたら、その学校は単に「挨拶をする」という指導が行き届いているだけではなく、先生方も普段から元気に挨拶をし合っているんだろうな、と感じます。

自分は元気よく挨拶ができていないかな……と思い当たる先生方もあるでしょう。まずは先生方が元気よく挨拶をし合うところから、改めて始めましょう。

読書活動を活発に

平成23年5月6日

最近、学力向上における読書の影響（効用）が語られることが多くなってきました。これは、ここ四年間の「全国学力・学習状況調査」の児童生徒に対する生活アンケートなどでも明らかになってきていることです。

昨年末に、大阪府の各市町村教育委員の意見交換会で、熊取町の実践発表を聞いて驚きました。熊取町はずいぶん前から全町で「読書環境の整備」や「読書活動の充実」などを通して「児童生徒の学力向上」に取り組んできていたということですが、その報告の中で、小学六年生では読書好きの子どもの割合が八十数%にもなるというのです（小学三年生は八八%）。「全国学力・学習状況調査」での児童生徒へのアンケートの結果では、「読書が好き」という割合は、小学校七三%、中学校六八・八%（全国平均）です。ちなみに本市の場合、小学校六五・五%、中学校五六・三%です。松原市においても各学校での「朝読書」や「読書タイム」の取り組みが進む中で、年度ごとに読書が好きだという子どもの割合は上がってきてはいるのですが、この熊取町の八十数%という数値にはびっくりです。さらに熊取町では、このような読書活動の充実が、「児童生徒の自ら進んで学ぶ意欲や態度の育成」や「教育環境の充実」などの「確かな学び」につながっているということです。

本市の各校ではどうでしょうか？　幼稚園では、常に絵本に親しむことがなされていますが、小学校になると全体的には徐々に本を読む（見る）ことから遠ざかってしまうような気もします。幼稚園は環境設定で絵本がいつでも見られるようになっているし、お帰りのときには必ずと言っていいほど、子どもたちは部屋の一角で（ピアノの椅子に先生が座られると、その周りに三角座り〈体育座り〉をします）、先生から「本の読み聞かせ」をしてもらえます。結構いつも同じ本をリクエストしているようで、自然と口移しで内容を覚えてしまっていることもあります。しかし、内容はすっかりわかっていても、園児たちは先生の優しい口調を楽しんでいるようです。要するに、本に親しむことが毎日の日課のうちの一つになっているということでしょう。

小学校は、と言っても、低学年では前にも「子どもの『内言』と『外言』」（二一九頁参照）で書きましたように、まだ十分に「内言」が出来上がっていない子もいますので、子どもによってはある程度声に出して読まないと読書できないという状況もあります。ですから過渡的な指導として、声に出して読むことを勧めてやることも大事ですし、音読をすることも大切だと思います。そして、「読み聞かせ」をすることが有効なんだと思います。それを、「黙読しなさい」「目で読むんですよ」「声を出して読んではいけませんよ」などと言ってしまうのは、子どもたちには大変難しい要求となってしまうのです。そこは、小学校でも幼稚園や保育所と十分に連携をとったうえでの指導を考えていくことが大切だと思います。

さて、小学校・中学校における読書指導の取り組みについてですが、二つの柱があると思います。一つは、いわゆる「読書指導」を充実させることで、もう一つは児童生徒の自主活動の取り組みを充実させるということです。

《読書指導の充実》

とにかく児童生徒に読書に親しむ態度を育て、読書の習慣を身につけさせないといけません。そこで、以下のような具体的な取り組みが必要となってきます。

①「朝の読書」「読書タイム」のように、一斉読書活動や読み聞かせなどの取り組みを継続して実施していくこと。その時間は、担任も一緒になって読書に没頭することが必要

②学校で「推薦図書」の目録を作成したり、図書室以外にも、子どもたちがよく通るス

ペースに「図書コーナー」を設けたり、また「図書月間」などを決めて一定量の読書を推奨するなどして、読書習慣を確立させるようにする

③学校の年間計画で「音読」の朝会や、「音読大会」など計画・開催して、子どもたちの読書への興味・関心を高めるようにする

④単に「文学的」な読み物だけでなく、いろいろな読み物（新聞、絵本、科学雑誌なども含めて）に親しめるようにする

児童生徒が読書に興味を持てるようなことが具体的にできているかが大切な要素となります。それに、朝読書などの時間には、当たり前のことですが、前述の①のとおり担任も一緒になって読書をすることが、子どもたちにとっては非常に落ち着く状態になります。ここはチャンスと宿題などに丸つけをしているのはもったいないことです。

《児童生徒の自主的活動の取り組みの充実》

①教科や「総合的な学習の時間」の中で、児童生徒が自主的に調べ学習や読書活動に取り組めるようにする

②校内の児童会活動や生徒会活動の中で、児童生徒の手で「学校図書室だより」のようなものを編集・作成して、全校に発信する。また、児童・生徒自らが新しい推薦図書の選定や、読書目標の作成に参画できるようにする

以上のようなことが挙げられますが、これら以外にもいろいろな取り組みが考えられるでしょう。とにかく、まずは子どもたちの生活の中に「読書」が当たり前のように浸透することが第一歩だと思います。そのためには、教師や親といった「大人」が積極的に読書に関わることが必要です。先生方も「朝読書」などのときにはぜひ、子どもたちと一緒に読書に耽るようにしてもらったらいいと思います。

またそんな中で、ハード面として、市内の小学校・中学校において「地域ボランティア」の方々の力を借りて、図書室の「図書の電子化」を進めている学校も徐々に多くなってきているのは心強いことです。

約束事はきっちりと

平成23年9月1日

以前に子どもの発達段階の話をしたことがありますが（二四頁「五歳と六歳の子の違いは？」や、三三頁「幼児教育と義務教育のつながり」を参照）、その節目に当たるのが小学校ではだいたい四年生から五年生頃なので、特に夏休み明けなどは十分に見てやらないといけないと思います。長期休みの過ごし方で、大いに成長した子もいるでしょうし、反対に大きく崩れてしまった感じの子もいるかもしれません。一学期末まではクラスの経営がうまくいっていたとしても、二学期が始まってそのような崩れの部分に担任が気づかなかったら、いつの間にかクラスの様子がおかしくなってしまうこともあります。

また、発達段階の節目は、中学校では十四歳の二年生頃になります。大人の階段を上り始めた子たち。何についても反発気味であったり、斜めに見てしまうようなことがあるかもしれません。それはそれで、ある程度は認めてやることも大事ですが、「ダメなことはダメ」と優しさを持って言い切ることも必要でしょう。

そこで、新しい学期が始まったときに、一つ何か「徹底する」ことがあったらいいのではないかと思います。運動会・体育祭の練習もすぐに本格的に始まる時期なので、当然、全体行動を規律正しくしていくことが求められます。その始まりとして、クラスや学年全体の「約束事」をみんなで徹底して守っていく、という姿勢を持たせるのはいいことだと思います。

《見ていても見えないことがある》

子どもたちの机の上の約束事がきっちりとなされているクラスは、見ていて気持ちがいいものです。ところが、机の上に何が出ているのかわからないような乱雑なことになっていても、平気で授業が進められている場合もあります。「この先生、子どもの机の上がこんなにバラバラになっていても気にならないんだろうか？」と思ってしまうこともあるほどです。でも、乱雑さが気にならないというより、それはたぶん「見ていても、目に入っていない（見えていない）」ということだろうと思います。子どもたちの机の上のことを、意識して見ていないのでしょう。

先生方もいろいろな個性を持っていますが、子どもたちの言動に対する見方を、「教室の机の列の歪みをどう感じるか」ということにたとえてみると、少々極端なのですが、大きく三つのタイプに分けられそうです。

①机が一センチ歪んでいても気になるタイプ

②机が一〇センチくらい歪むと気になるタイプ
③机が一〇センチ以上歪んでいても全く気にならないタイプ

①のタイプは、子どもたちに学習規律などをしっかりさせられるという点ではいいのですが、常にきっちりとしていないと許せないので、子どもにかなり厳しく対応してしまいがちです。個々の子どもや、特に気にかけてやりたい子への配慮を怠ってしまうと、大変なことになりかねません。

②のタイプは、一番オーソドックスでしょう。よく言えば順応性があるタイプです。その場の気分で子どもたちへの対応や指示が変わってしまうこともあるので、気をつけなくてはいけません。

最後に③のタイプですが、これはまさに前述の「見ていても、目に入っていない」タイプです。この担任のクラスの子どもたちは、おおらかと言えば聞こえはいいのですが、規律やルールを作っても全体として守れないことがありますので、気になる点を周りの者が、その先生にちょっと言ってやることも必要です。

《机の上には何を出す？》

では、本題に戻りますが、授業によって机の上に出すものを決めておいたらどうでしょうか（もちろん、すでにそうしているクラスや学年があることも知っています）。各教科とも「教科書」「ノート」「筆記用具」その程度が基本ですね。あとはその都度指示すればいいことであって、「最低限のものを出す」という習慣をつけていくことが大事だと思います。

また、出すものをたくさん言うと、それが出ているかどうかを点検して、出ていなければいちいち注意をしないといけなくなります。極端なことを言えば、その授業の一番はじめに使うものだけを出す、何もいらないなら何も出さない、また教科書なら教科書だけというようにして、授業中に必要な他のものはまだ机の中にしまわせておき、必要になったら順次出させる、というようなことをしてもいいのです。

それと、中には「巨大な筆箱」を持っている子がいます。ある中学校でびっくりしたのは「バスケットシューズ」の形をした筆箱でした。はじめて見たときには、「え〜っ！なんで机の上に靴を置いてるの？」と思いました。巨大な筆箱の中にはいろいろなものが入っています。それをやめてもっと小さい筆箱を持ってくるようにと指導するのも難しいところです。ですから、時間ごとに例えば「鉛筆二本と消しゴム」というふうに、筆箱から出しておくものを決めておけばいいでしょう。

そして、出すものはきっちりと机の右上なら右上に置くというように決めておく必要もあります。このようにすれば、机の上がずいぶんすっきりして、勉強をしやすい環境になり、ノートに書くときに姿勢が悪くなることも少なくなるでしょう。

《液晶テレビを「電子掲示板」に》

机の上に何を出しておくか、というような指示は、小学校であれば各教室にある「液晶テレビ」を活用する手もあります。テレビにパソコンを接続しておけば、パソコンに伝言を打ち込むことで（または映像化することで）、テレビを「電子掲示板」として使うことができます。「次の時間は、漢字ドリルも出しておいてください」「三時間目は理科室ですから、チャイムが鳴ったら廊下にならびましょう」というようなことを画面に表示しておくのです。子どもたちは、先生の指示を耳で聴くだけではなく、目でも確かめられると、かなり習慣化されると思います。そうすれば、液晶テレビを授業の中で使うのも苦にならなくなります（もちろん、すでにどんどん使っている学級もあるでしょう）。

子どもの言葉遣い

平成24年2月1日

「ボールは投げ方次第で……」（一六二頁参照）では、「授業の中での教師の言葉遣い」についてお話ししましたが、今回は「子どもの言葉遣い」をテーマにしてみたいと思います。

私が新任教員時代を過ごしたのは新設の松原西小学校でした。昭和四十八年から七年間いましたが、新任で三年生の担任になり、続いて六年生を受け持ちました。この六年生は松原西小学校の一期生で、その一年間は私なりにやりきったという満足感もありましたが、今思えば、もう少しこういうふうにしてやればよかったな、ということもやはりあります。

当時、クラスづくり以外のことで強く印象に残っているのは、松原西小学校の「校歌」を作ったことです。私の頭の中に「緑の野辺に希望《ゆめ》みちて――」という歌詞が自然に浮かんできたので、そのまま続けて書き進めていていったら、今の校歌の歌詞が出来上がったのです。その校歌の二番のはじめに「清き流れの西除《にしよけ》に」という歌詞があるのですが、当時のクラスの子たちは、「先生、西除川はちっともきれいなことないでぇ」と言っていました。確かに昭和四十九年当時の西除川は、きれいな川ではありませんでした。でも私が子どもの頃には泳げるほどでしたので、子どもたちにはこんなふうに言いました。

「先生が子どもの頃は、西除川で泳げてたんやで。それに、この校歌はこれからもずっと歌い続けられるんやから、将来はきっと、西除川もきれいになるよ」

実際、今の西除川は護岸工事も進んで、結構きれい、とまではいかないまでも、立派な川になっています。

そして次の年、私は五年生の担任になり、五・六年と二年間持ち上がりました。ところがさらにその次の年には、創立六年目にして生徒数千四百人を超す大規模な学校となったため、過密解消のために河合小学校が分離独立しました。私は、河合小学校と別れたときは四年生を持ち、そして続けて五・六年と、この子どもたちの三年間の担任をしました。

新任のときの三年生は五クラスありました。担任は男性教員が私を入れて三名、女性教員が二名。男性教員は一人は四十歳過ぎの先生で、もう一人は三十歳の先生、私は大学を出たてでしたので、三人はだいたい同じような間隔で年がひらいていました。三十歳の先生がよく、こんなことを言っておられました。

「渡辺先生（四十歳過ぎの先生）は、子どもからするとちょうど父親の年齢だし、高阪先生はちょっと年の離れた兄貴的な年齢でいいね。私の年は、子どもたちには中途半端な年齢やわ」

いずれにしても、私からすれば二人ともすごくしっかりした先輩でしたので、自分もこの年になればこんなふうにしっかりするのかなあ、と思ったりしたものでした。でも実際にその年になってみると、全然しっかりとしていませんでしたが……。

さて、今日の内容はそのうち、松原西小学校での私の六、七年目に、五・六年生を担任したときのちょっとした話です。

国語の教材に「丁寧語」という項目がありました。

「先生もそうやけど、みんなも場所によっては丁寧な言葉がしゃべられるようにならんといけませんね」

子どもたちにそう切り出して、今日は一日中「丁寧語」で通そう、ということにしました。「先生、そんなん無理やわ……」という声もありましたが、とにかくやってみようということになりました。

授業中の子どもたちの発言などには何も違和感はなかったのですが、休み時間の子ども同士の会話を聞いていると、笑えるようなことばかりでした。

「〇〇君、この休み時間、運動場に遊びに行きませんか？」

「そうですね、△△さん。では、班で何かして遊びますか？」

「じゃあ、中当て（ドッジボールを簡単にした遊び）はどうでしょうか？」

「そうですね、それがいいですね。では、班の他の子にも声をかけてきます」

「ええ、ではお願いします。ぼくはボールを持って、先に行っています」

といった具合です。なんとも微笑ましいような、ぎこちないような……。子どもたちは休み時間まで丁寧にしゃべらないといけないので、確かに困っています。でも決めたことはやってみようということで、しばらくは続けていました。

「放課後、みんなで都市名（子どもたちが好んでやっている学習）しませんか？」

「いいですね。そうしましょう」

ところがとうとう、休憩時間に何人かの女子が私のところに難しそうな顔をして近寄ってきました。

「なあ、なあ、先生って……、なあ」

「えっ？　今、何と言いましたか？」

「えっ、いえ……、ねえ、先生。いいですか？」

「はい、なんでしょうか」

「もう、この丁寧な言葉、やめませんか。しんどい……です」

「そう。じゃあ、ぼちぼちやめますか」

「えっ、ホンマ？　やめてもええのん？……ですか？」（急に元気になっています）

「いいよ。丁寧な言葉も、場合を選んでしゃべることが大事やね。丁寧な言葉は授業中だけにしよっか」（実は私もこのしゃべり方に疲れていました）

「ハ～イ！　そうしよう、そうしよう。……あっ、そうしましょう！」

みんなホッとした様子でした。

そのあとの時間に、「言葉遣い、休み時間と授業中では違うよね。ずっと丁寧な言葉だと疲れるよね。でも、授業中には、休み時間のような、『あのな、そんでな』なんて言わないように」とまとめました。

さて、その学年の卒業も間近の頃です。卒業文集（アルバム）に載せる原稿をみんなで書いていると、ある女子が「先生は三重人格」という表題の文章を書いて持ってきました。

「ねえ、この題、……よくないわぁ」

私はそう言いながら中身を読んでみました。

「先生は授業中は丁寧にしゃべっている。でも、休み時間になると廊下でほたえたりして、私たち以下になってる。そして、体育の時間はすごく怖い――」といった内容です。よく観察しているなあ、と思ったのですが、題が題だけにこの文章は没にして、その子には違う内容のものを書いてもらいました。しかしこれこそ、今、私が先生方に言っていることなのです。先生がしっかりと場面によって言動を切り替えることで、子どもたちもその場その場に合った話し方（言葉遣い）や態度を身につけることができるようになるのだと思います。

ちょっとハードルを高くして競争心を引き出す

平成25年6月11日

子どもたちはいい意味で何かで競争することに意欲を燃やします。競争することだけを目的とするのはいけませんが、そのような気持ちを大事にすることも大いに必要です。それとともに、ちょっと難しい課題に対しても頑張ってクリアしようとする気持ちを強く持っているものです。もちろん、これは大人も同じだと思いますが、子どもはより強くこのような気持ちを持っているので、指導者としてはそれをうまく引き出してやることが大切だと思います。

そのような、子どもの「やる気」を引き出す取り組みを、ある一つの事例を通して説明したいと思います。

これは私が新任三年目に五年生を担任したときのことです。その当時、松原西小学校では運動会で全員参加の「学級対抗リレー」が種目としてできました。というよりも、私たち若手教員が「学級集団のまとまりを見せられるものを」ということで、運動会種目にこの全員参加の学級対抗リレーを入れてもらったのです。実は私自身が、「選抜リレー」よりもみんなが参加する「全員リレー」を子どもたちにも経験させたいと思っており、そこで若い先生方で相談して提案をしたのです。「バトンを持ってチームのために走る」経験を、大げさな言い方ですが、一生のうちに一回でもみんなにさせてやりたいというのが私の気持ちでした。

当時はだいたい四、五クラスの学年が多く、一クラスの人数は四十名余りで、男女別に二十数名ずつが全員走るリレーです。もちろん一番人数の多いクラスに合わせて、走る人数をそろえました。子どもたちにそのことを知らせると、喜びはしましたが、当たり前のようにこんな同じ声が返ってきたのです。

「先生、そんなん男子は四組で、女子は五組が優勝するのん決まってるわ」

「そんなん、学年の速い子、四組と五組に固まり過ぎてるもん。絶対に四組と五組が優勝するで」

確かに子どもたちの言わんとすることはわかります。私から見ても、偶然とはいえ四組には速い男子が、そして五組には速い女子がそろっているように感じます。子どもも、やはり速い子に目が行くので、それは明らかだったのでしょう。でも、それで子どもたちのやる気が削がれるようでは、この学級対抗リレーを企画した意味がありません。そこで、子どもたちの言っていることも重々わかりながら、私はこう言いました。

「そんなこと、やってみないとわからんよ」

「けど、そろい過ぎてるもん……」

「よし、それなら練習をしっかりして、その四組と五組の速い子らに勝てるようになったらいいんとちがうん？」

「そんなん、オレらにできるんかなあ……？」

「君らの頑張り次第やで。どうする？　みんなで頑張って練習やりますかぁ？」

するとロ々に、「うん、やろうや」「うん、頑張るわ」という答。それを受けて、私もこの子らにいい思いをさせてやりたいと思いました。

勝てるかどうかは別にして、もちろん策はありました。私は高校時代の三年間、一応は陸上競技部にいたのです。やっていたのは長距離でしたが、冬のトレーニングなどのときには、短距離の部員と四〇〇メートルの競走をしたり、リレーの練習をしたり、はたまた棒高跳びやハードル、やり投げの練習までやったので、リレーではどのあたりがポイントになるかはわかっているつもりでした。

いよいよ練習を始めました。ポイントは「カーブの走り方」と「直線の走り方」そして「バトンタッチのタイミング」と「走者順」です。

まず、カーブは速く走ろうとすればするほど遠心力で外に出てしまうので、七割ほどの力しか出さないことです。七割でも、よほど走力に差がない限り外から追い抜かれるようなことはありません。そしてコーナーを回り終わる手前から、腕を強く振るのです。意識して大きく振ると、脚が自然と高く上がってついてきます。すると、カーブでの余力によって直線では自分が思う以上のスピードが出ます。自分とは思えないほどのスピードです。

次はバトンタッチですが、これは一口ではなかなか言えませんが、走者同士のスピードをいかに殺さずにバトンを渡すかが勝負です。私が特に子どもたちに言ったのは、「お互いに腕を伸ばしてバトンタッチをすると、二メートルは走る距離を得する」ということです。

ずいぶん時間をかけて練習をしました。記録的には、最初と比べればずいぶん伸びたと思います。子どもたちは少し高いハードルを設定されて、「速くなりたい！」という思いでよく頑張りました。とにかく子どもたちには、運動会に十分な自信を持って臨ませてやりたかったのです。

そして運動会当日、アンカーは普通はクラスで一番速い子が選ばれがちですが、私はあえてごく普通の速さの子にしました。速い子はこれから先もアンカーの経験はするかもしれませんが、特段速くはない子はそのような経験はおそらくしないでしょうから、こんなときに経験させてやろうと思ったのです。アンカーが特別に速くなくても、それまでにみんなで他のクラスに差をつけてきていればいいのです。そのために、一〜三走者には速い子を持ってきました。そこまでに他のクラスと差をつけておいて、あとは例の走り方をして、バトンタッチで差をつければ、おそらく抜かれないだろうという思いでした。

さあ、問題の結果ですが、幸いにも男子は我が三組が一位、二位が四組。女子も三組が一位、二位が五組でした。やっぱり子どもたちが言っていたとおり、四組の男子と五組の女子は速かったのです。でもそれを上回ったのが、さほど速くもない三組でした。

私は子どもたちの頑張りに涙を流してしまいました。男子のアンカーのS君がゴールに飛び込んできたときには、思わず駆け寄って抱きしめました。普段はひ弱で口数も少なく目立たないS君ですが、この日ばかりは私には大きく、大きく見えました。

そしてその後、持ち上がりでこのクラスを六年生でも担任しましたが、六年のときの運動会では、他のクラスも頑張り、もっともっとドラマチックな展開がありました。

さて、五月十五日には市内の十五の小学校の五年生による連合運動会が市民グラウンドであります。五年生は学年全体で協力して、他校との交流を深め、競技も精一杯力を出してやり切ってください。

基本的なことを徹底して

平成26年2月4日

いつの時代でもそうでしょうが、特に今の世の中は「不確実」な時代だと言われ、物事に「絶対」ということはないと思わないといけないことがよくあります。今日はそうでも明日には全く別のようになってしまっている場合もあります。世の中の仕組みもそうですし、人の心や考え方もそうでしょう。だからこそ、人はさまざまな「約束事」を決めるのかもしれません。

でも、その約束もなかなか守られなかったり、ひどい人になると「約束は破るためにあるもの」と考えることもあるほどです。世間の風潮がそうであれば、子どもたちも同じように考えてしまいます。子どもたちにそのような意識を植え付けないためにも、周りの大人の言動は重要です。決めたことはきっちりと守っていく、そういう意識が必要になってきます。

今回は「決めたことは徹底して」ということについて考えていきたいと思います。以前にもこのおたよりで、「決めたことは徹底して」ということで、教室をきれいにしようと裸足で一年を過ごした話を書いたことがありますが、今は、そういった決まりを徹底すべきところが、なかなか徹底されていないように感じます。決めたことが守られないとなると、今まで以上にますます雰囲気がだらけてしまいます。そうなると子どもたちもそれぞれが自分勝手になり、「なんでもあり」の風潮に陥ってしまいかねないのです。またそれだけでなく、人は易きに流れやすいので、ついつい楽なことになびいてしまうようにもなるでしょう。

学校や学級などの約束事は、普通は年度のはじめに決められますが、時として途中でも決めることがあります。でも、そのようなときにはたいてい何か問題があってのことで、「これからはこうしていこう」というふうになるのですが、途中から決まったことはなかなか子どもたちの中に浸透しにくいものがあります。

ですから、決める必要のあることは、年度のはじめに決めておくことが大切です。そして、できれば学級や学年単位ではなく、学校全体で決められることは決めていくといいように思います。というのも、その学級や学年で決めると、次の学年になったらそれについては何も言われなくなることになり、子どもたちはどうすればいいか戸惑ってしまいますし、それでは次第に決まりを軽視することにもつながってしまいます。

年度のはじめに決めることとしては、例えばこのようなことです。

・靴は下駄箱にきっちりそろえて入れる
・大きな声で挨拶をする
・チャイムが鳴ったらすぐに席に着く
・休み時間は、次の授業の用意をしてから席を離れる
・授業のはじめには、机の上には筆記用具（筆箱）しか出さない
・先生に指名されたら、必ず「はい！」と大きな声で返事をして立つ
・ゴミが落ちていたら拾う（一日にゴミを五つ以上拾うなど）
・ロッカーには整頓して荷物を入れる
・水筒は決められたところにしまう
・話している人の方を見て聞く

これくらいにしておきますが、本来このようなことは当たり前のこととしてできないといけないものです。しかし、子どもたちにとっては続けるのがなかなか難しいことでもあります。ですからきっちりと「約束事」として決めてやるのです。

教師が自らその手本となるように率先してやっていくようにすれば、先に挙げたことくらいなら、学校全体の約束事としてやっていけるのではないでしょうか。要するに、子どもに守らせたいことは、教師自らがまずは率先して行うということです。

こういったことは、中学校区として統一をとってやれば、もっといいのではないかと思

います。そうすれば小学校での決まりごとが中学校に行っても生きていくことになり、子どもたちにすれば違和感がなく、非常にやりやすいでしょう。中学校区でまずはじめに、このような当たり前のことを学校単位でやりきっていくように話を進めていくことで、お互いの目標が定まってきます。

以上のようなことは、子どもたちの学力や生活には特段関係ないようなことだと思われるかもしれません。でも、平成二十五年度の「全国都市教育長協議会」の研修大会の報告によると、広島県の呉市では、九年間を見通した小中一貫教育（同一敷地内というのではなく、中学校区を一つのまとまりとして小中一貫を考えていく）として、「返事」「挨拶」「靴そろえ」の三つのことをすべての中学校区で徹底して取り組んだら、すべての学校で子どもたちの学力が目に見えて向上したというのです。これと並行して「小中合同授業研究」「小中合同研修会」「小中合同行事」の取り組みも進めていったとのことですが、先の基本的な徹底を通して、それらの取り組みも進めやすくなったということでした。そして、この取り組みを通して、以下のようなことが成果として挙げられています。

・先生が変わる　　児童生徒への理解や関わりの変化
　　　　　　　　　指導内容や指導方法の工夫・改善

・子どもが変わる　中学校入学時の不安の解消
自尊感情が高まり、学習意欲の向上
郷土愛や地域社会の一員としての自覚の深まり
・保護者が変わる　教育活動に対する理解の深まり
教育活動についての信頼と支援の高まり
・学校が変わる　規範意識の涵養《かんよう》、社会性の定着
学力・体力の向上
保護者・地域と協働した教育活動

付け加えになりますが、呉市では実際にこの取り組みを進めてから、「全国学力・学習状況調査」の結果が、すべての小学校・中学校で全国平均を上回ったという報告もあります。私たちも、まずは何か目に見えることを徹底することから始めないといけないでしょうね。そのためには、先生方が率先してきっちりとやることが第一です。

言語活動の生活化

平成26年9月22日

最近、「言語活動の活発化」ということがよく言われるようになって、国語科だけでなくあらゆる教科において、授業の中で言語活動を活発にする取り組みが進められていると聞いています。

一口に「言語活動」と言っても、「聞く」という一番もとにあるものを中心にして、「話す」「書く」「読む」といった幅広い活動が挙げられますが、各学校によってどの領域を中心に取り組むかはそれぞれです。

今回は「話す」ということを考えてみます。子どもたちがしっかりと自分の思いを相手に伝えるのには、もちろん「聞く」という基本があっての話ですが、まずは話すことから始まるのかなと思います。正確に、そして丁寧に、そしてわかりやすく聞き手に伝える力を身につけるためには、その手本があることと、伝えるための話す力量を身につけさせることだと思います。

手本とは、子どもが小さい頃は家族、特に親や兄姉ということになります。例えば、家庭内で朝起きてきて、家族同士が「おはようございます」とまではいかなくても「おはよう」という挨拶を交わしているでしょうか？　できていない場合は、手本になることがないのですから、子どもに朝の挨拶という習慣は身につかないでしょう。

また、家庭内で子どもが、その日にあった出来事を話せる雰囲気かどうかも大事なことです。例えば、一家団欒の時間や食事の時間に話ができる雰囲気があるかということです。このようなときに子どもの話をしっかりと聞いてやる家族がいれば、子どもはきっと話好きになります。幼稚園や小学校に入ってからもそれが続けば、大きくなってからも学校での楽しいことや、反対に嫌な思いをしたことなども話してくれるでしょう。それによって親は子どものその日その日にあったことだけではなく、微妙な心の変化などもつかめるかもしれないのです。でも、最近は食事（特に夕食）は子どもたちだけでとか、「個食」ということが多くなりましたので、これもあまり望めないことかもしれません。

そうなれば、やはり学校で教師が手本にならなければいけません。

子どもたちの「話す力」が家庭で育っていないと、「単語の会話」になりがちです。「センセイ、お茶」「カギ」「おしっこ」、このように単語だけで教師に訴えてくることがあります。これでもその主訴は大体わかるので、教師はそれをくみ取って答えてしまいます。

「センセイ、お茶」

「はい、飲んでいいですよ」

「センセイ、カギ」

「教室の入り口の横に掛けておいて」

「センセイ、おしっこ」

「仕方ないねぇ、行ってらっしゃい」

というふうに。でも、単語ではなく、少なくともきちんと文章になるように言わせないといけませんし、その子の言いたいことを教師がくみ取ってばかりでは、子どもたちの言語習得にマイナスになりかねません。

「センセイ、お茶を飲んでもいいですか？」

「カギをどこに戻せばいいですか？」

「おしっこに行きたいので、行ってきていいですか？」

と、尋ねる言い方にさせましょう。これは徹底した習慣化です。そうすることで子どもたちは、担任と自分とでしか通じない会話から、一般に通じる会話を身につけていくことができるのです。

また、最近は授業の中で「話型」を使って発言を活発化させる取り組みも増えています。意見を言うときに、

「……です。なぜなら……」

「□□君と似ていますが、」

「○○さんと同じですが、」

といったようなパターンを使って、徐々に応用を利かせていくやり方です。でもこれも、単にこの話型が使えるようになるだけでは、言葉の遊びにしかなりません。この話型を使って、自分の言いたいこと、考えたことを相手に伝えるのが本来の目的なのです。ですから、その「伝えたい中身」がないといけないわけであり、それをしっかりと考えさせることが本当は大切なのです。

それは「話型を使って伝える技術を身につける」＋「伝えたい大事な中身を考える」ということのベクトルではないかと思います。片方だけができても、ベクトルとしてはちゃんとした方向に向きません。

だからこそ、教師の話す手本がすごく大事になってきます。教師が授業中も休み時間と同じような口調で、「……やろ」「……やってんかぁ」「そうやなぁ」と〝ため口〟で子どもたち全体に話しかけたり、問いかけたりするようでは、子どもたちにいくら話型を教えても意味のない話です。子どもたちは教師の口調を自然に真似るものですから、うまく話型を使いこなすことはなかなかできません。ですから教師は、「常に子どもが見ている。聞いている」ということを意識して話をしないといけないのです。

子どもたちに親しみを感じてもらおうと、授業中もため口でしゃべっていると、子どもたちは教師の言葉をいい加減な気持ちで受け止めてしまうので、返し方も雑になり、授業中に指名されたときでも、「……やんかぁ」「それでな」「これ、どうするん？」というような友だち感覚の話し方になってしまいます。

よき指導者は、子どもたちにとってよき手本にならないといけないということです。休み時間と授業中との「ON・OFF」の切り替えが本当に大事になってきます。もちろん、授業中ずっと同じ丁寧な口調で、というわけではなく、机間指導で個々の子どもに声かけをする場面では、「……やろ」「そう、そうしたらいいんやで」というような、全体への声かけとは少し違った言葉で肯定的な受け止めをしてやることも大切になってきます。

また、話す中身も同じことが言えると思います。教師がいったい何を自分たちに言っているのか、そしてどんなふうに語ってくれるかを、子どもたちはしっかりと聞いています。そう考えると、片時もいい加減にすることはできません。特に授業で話す中身には、丁寧さが求められます。授業の中で、丁寧な言葉で、中身を十分に配慮して話をするからこそ、休み時間や放課後の子どもたちへの接し方が少々友だち的になったとしても、かえって子どもたちにとっては親しみを持てることになるのです。

そして、子どもたち自身が「ON・OFF」をうまく切り替えて、生活の中で自分の思いを相手に伝えられるようになることが大事であり、それこそが「言語活動の生活化（日常化）」ということだと思うのです。

第六章

学校を組織的に動かす

校種間の連携について

平成22年10月29日

幼稚園と小学校、小学校と中学校、また時として幼稚園と中学校の交流・連携の必要性はずいぶん前から言われています。しかし、それを進めるに当たっては課題も多くあると思っています。とはいうものの、校種間での交流・連携は子どもたちの発達段階を考えた場合、重要な取り組みだということは確かです。

まず、幼稚園と小学校の交流・連携ですが、一言で言えば「段差のないつながり」を目指すということになるでしょう。ところが小学校側は、子どもたちの発達が家庭に始まり、保育所・幼稚園という集団から小学校というより大きな集団へ引き継がれていく、ということを十分に意識していないところがあるのではないかと思うのです。小学校側としては、まず入学までの保育所・幼稚園での子どもたちの生活を十分に認識する必要があります。「五歳と六歳の子の違いは?」(二四頁参照)でも少し触れましたが、保育所・幼稚園では、具体的には子どもたちは以下のような生活をしています。

- 普段は机と椅子の生活ではなく、給食やお弁当のときなど、必要に応じて机と椅子を

出して使っている

- 子どもたちは「遊び」を通して（環境を通して）さまざまなことを得ている。そのための「環境」の設定を指導者は十分に考えて行っている
- 「チャイム」という合図はなく、ある一定の時間帯を使って「自分の好きな遊び」（もちろん指導者の狙いや願いは入っているが）をする
- 小学校のような「教科書」や「ノート」というようなものはなく、「読み取る」ことよりも、「感じ取る」ことが中心になっている

それが小学校に入るや否や、机と椅子の生活が始まり、チャイムに合わせて動かなくてはならず、おまけにやりたいときに好きなことができないとなるわけですから、子どもにしてみれば大変なことです。そして、家に帰れば親からは、「もう小学生なんだからね。しっかりしないと」とか「小学校に入ったんだから、何でも自分でやれるでしょ?」とハッパをかけられますから、子どもにすればたまったものじゃありません。

子どもは、小学校に入ったからといって、自分自身では何も変わったところはないのです。それなのに「もう小学生だから」などと言われるわけですから、子どもは大なり小なりギャップを感じているはずです。このことは、小学校の教師も親も理解しなくてはいけないことだと思います。

そうは言っても、新しい集団・組織体の中に入ってきたのですから、やはりそこでのや

り方や動きなどは、徐々にわかっていかなくてはいけません。教師がその橋渡しをする際に、子どもたちの今までの流れがいかにわかっているかということが重要になってきます。そこをうまくやっていければ、子どもたちにとって「段差のない（少ない）」つながりとなるのではないでしょうか。

しかし、ややもすると、「小学校ではこうやっているので、幼稚園ではこの前の段階までやっておいてほしい」的なことが言われることがあります。それも確かに必要な場合がありますし、わからないではないのですが、幼稚園は決して小学校の予備校ではないので、小学校側からの要求で幼稚園に課題を課すべきではないでしょう。

幼稚園は幼稚園としての「幼稚園要領」に則って、「環境を通して」行われるわけですから、むしろ小学校側が、幼稚園で子どもたちがどのように教育されているかを十分に理解して、そのうえに立って考えていくことが大切です。ただ、小学校には子どもたちが「公立幼稚園」からだけ来るのではありません。私立幼稚園・公立保育所・私立保育所……とさまざまです。それを包含した中での教育ということになりますので、非常に複雑だということも十分に認識しておく必要があります。

また、幼稚園（保育所）・小学校の連携において、小学生にとっては自分より年齢の低い（特に高学年は年齢が開いている）子どもたちと接する中で、普段クラス内では力が発揮できない子や目立たない子がかえって力を出せたり、優しさを発揮できたりすることもあるので、その機会を十分に活用することは大事なことです。

次に小学校と中学校の交流・連携ですが、これは幼・小に比べてはっきりとする部分が多いと思いますし、実際に「小中一貫教育」として、九年間を見通した取り組みを進めている市もずいぶん増えてきています。これは、子どもを「発達学」の点から考えると的を射ていることです。

松原市でも以前から、授業体験・出前授業やクラブ体験、中1と小6の交流、地域教育協議会での交わりなど、結構子ども同士のつながりも多く取り組まれています。また、どの中学校区でも、校区人権教育研究会がずいぶん実のあるものになってきています。そして、小学校から中学校に上がった子どもたちの追跡調査での話し合いも定期的に行われています。

そこで、今後はやはり「中学校区」における小・中のつながりの中身を具体的に意識する必要があります。すなわち「中・小・小」のつながりを考えるということです。

一つの小学校で日常的に行われていることを、中学校でも引き継いでほしいという願いが小学校側としてはあるはずです。しかし、他の小学校も同じことを日常的にしていればいいのですが、そうでなかったら中学校としても困るわけです。ですから、中学校区で日常的なこと（例えば、朝の会のやり方、挨拶の仕方といった細かい部分も）を統一することが大切なのではないかということです。このことは、一学期に行われた市の教育委員会主催の「校長研修会」のときに、講師で来ていただいた大阪府教育委員会の藤村市町村教育室長さんも言われていました。そこまで考えてやっていければ、小学校から中学校への移行の際に子どもたちが感じる段差も、いくぶん、いやかなり少なくなるのではないかと思います。

とにかく、小・中の連携については、それぞれの中学校区ごとに校区の実態を十分に見定めて、特色のある取り組みを進めていってもらえればと願っています。そこに、先ほどの幼・小の連携で本当に実のある取り組みができれば、よく言われる「幼・小・中、十一年のつながりのある教育活動」もできるのではないかと思います。

そのためには中間位置にある、そして最も期間の長い「小学校」の果たす役割が非常に重要になるでしょう。幼稚園（保育所）で培った生きる力の基礎を、どう教育課程の中に引き継いでいくのか。また、小学校は決してその六年間で終結してしまうのではないので すから、どう中学校に引き継いでいくのか。とっても重要な課題だと思います。小学校には、両者の橋渡しがうまくできるようなつながりをつけるという、大きな役割があるのです。

「幼～小～中」の流れを読む

平成27年6月1日

義務教育において、今や「小学校」「中学校」という枠でくくる時代ではなくなっているように思います。教育は、小学一年生から中学三年生までの義務教育の九年間を見通して進められています。

もちろん、その前提として幼稚園（特に公立幼稚園）教育があり、しつけの基本は家庭にあるとしても、集団としての「しつけ」や「育ち」の出発点は幼稚園・保育所にあると考えなければいけないでしょう。ですから小学校としては、一年生が始発と考えるのではなく、子どもの集団としての原点を幼稚園や保育所に求める必要があるのです。その点から、単に幼稚園と「行事交流」をするということだけではなく、先生方の子どもの捉え方、声のかけ方にいたるまで、幼稚園・小学校が一緒になって、お互いが理解し合うことが必要になってきます。

そして、小学校・中学校の九年間を、育ち（発達）ということで区切るならば、「四～

三〜二」と考えていくことができます。すなわち、「四」は小学一年生〜四年生の四年間。「三」は小学五年生から中学一年生までの三年間。そして中学二〜三年生の二年間が「二」ということです。

今まではよく、「中学校での生徒のこと（小学校卒業生の追跡調査）」を、中学校の先生と小学校の先生（卒業させた先生など）とで話し合っていましたが、小学校側からすればいくら真剣に話し合ったとしても、残念ながらそれ以上立ち入ることはできないこともありますので、所詮「他人事」になってしまいます。それに、小学校に戻れば自分の担任する子どもたちが待っているのですから。

もちろん、子どもたちのことを話し合うのは大事なことですが、中学生になってからの子どものことを話し合うのではなく、小学生のうちにその子どもたちの生き方、育ちの現状を中学校側としっかりと話し合っていく必要があります。「三」の部分の小学五・六年生での子どものことを、小学校と中学校の先生が一緒になって十分に話し合うということです。それは、小・中のどちらも他人事ではない部分ですし、そうすることで中学校としても、学校としてのさまざまなレディネス（決して先入観という意味ではなく）を用意しておくことができるのではないかと思うのです。

しかし、それを下支えするのは当然その下の「四」の部分（小学一〜四年生）です。その中でも小学三年生という学年は〝分水嶺〟になるような大事な学年だと思います。

学習面において三年生の算数を例にとれば、「数と計算」では二年生での掛け算（九九）を定着させて、割り算に入っていきます。また、小数・分数の初歩がありますし、三位数・四位数の足し算・引き算、そして計算での結合・分配が出てきます。このように学習が多岐にわたる学年であり、ここで取りこぼしてしまうと五年生、六年生でいくらやっても取り返しがつかないことになってしまうのです。それほど三年生は重要だと言えます。

その前段階で、それらをスムーズにするために、二年生でもしっかりと押さえておかなくてはいけないでしょう。二年生は「助走」の大事な部分と言えそうです。

また、二年生では生活においても、子どもたちにはまだ学級でのはっきりとした自分の定位置というものがないので、固定的に考えるのは少し先走りのようには思うものの、一年生に比べてより自分の周りを意識できるようになってくるので、「集団」としての意識を徐々に持たせていく学年だと言うことができます。低学年としての集団づくりの目標「自分の周りに目を向け、友だちの変化に気がつく」といったことができるようになってくる頃でもあるのです。本当の意味での〝いじめ〟も、この頃から徐々に生まれてくるのではないかと思います。

この二～三年生では、学習だけではなく、生徒指導や集団づくりもしっかりできていないと、四年生になったら崩れてしまう可能性が十分にあります。低学年で、担任が子どもたちを抑制することで学級を安定させていると、四年生でその箍《たが》が外れてしまったら、「低学年ではあんな子たちではなかったのに……」などと言わないといけなくなります。

四年生で学級として、時には学年全体が崩れてしまうと、高学年でその建て直しをするのに多大なエネルギーを使わなくてはならなくなります。今までどちらかというと軽く考えられがちだった「二～三年生」は、子どもの育ちからすれば、実は重要な学年であることがわかるでしょう。ここをしっかりとさせることで、高学年への土台が確立するのです。

もちろん、一年生も小学校最初の学年として重要です。学校側としては特に保護者（家庭）と連携をとる最初ですので、課題がありそうな家庭とは、実際に問題があるなしにかかわらず、担任・学年・学校として常につながりをとっていき、学校の姿勢を理解してもらっておく必要があります。また、課題のある子ども・家庭については、特段必然性がなくても、折につけて家庭訪問などもしていきましょう。最初の出会いの部分でしっかりとした関係づくりをしておくのとおかないのとでは、後々大きく違ってきます。保護者と顔を合わせて話をするということは、相手の思いや願いを受け止める第一歩なのですから。こうして、はじめからお互いの信頼関係を作っておけば、学校に対して変な先入観や偏見を持たれないでしょうから、ボタンの掛け違いも少ないはずです。

では、「二」の部分の中学二〜三年生はどうなのでしょうか？　発達段階から考えると、「十四歳の壁」とよく言われる年代です。法的にも子どもから大人の領域に入る年齢でもあり、いじめなどの事件で重大な出来事が比較的起こりやすい年代とも言えます。

またこの年頃は「恥」や「照れ」の文化のようなものが顕著に表れてくる時期でもあり、「間違えたらみんなに笑われる」「こんなことをしたら恥だ」といった気持ちが大きくなってきます。ですから、消極的になったり、表面に出るのを嫌がったりします。教師は子どもたちのこの傾向をしっかりと把握しておかないと、指導がうまくいかないことが往々にして出てきます。指導では、子どもたちの「自尊感情」をうまく引き出すことが大事になってきます。

このように、子どもの育ちはその年代によってずいぶん違いがあることを理解して接していくことが必要なのです。要するに「幼〜小〜中」の十一年間の育ちの流れで、その各育ちの特徴をしっかりと読みながら指導に当たる、ということが大切になってくるのです。

「大きく育つ苗木」の話

平成23年6月6日

「学力と創造力」（二三四頁参照）で、「育つ苗木」についての話を少ししましたが、教師の「個の意識と力量を伸ばす」という観点から、もう少し具体的にこの話について触れてみたいと思います。なお、この「育つ苗木」の話は、五月二十六・二十七日に岐阜で行われた「全国都市教育長協議会」で意見発表の場をいただきましたので、全国にも発信したものです。

今回の学習指導要領の柱になっている「子どもたちに『生きる力』をつける」取り組みは、各学校においてさまざまな形で実践されてきていると思います。しかし、確かに「指導形態」を工夫するのは重要なことですが、単にそれだけでは必ずしも十分ではありませんし、また「指導方法」を考えるだけでも決して十分だとは言えないでしょう。子どもを「大きく育つ苗木」にたとえるならば、そこにはまず、苗木に与える「養分・水分」と、その養分・水分を蓄える丈夫な「容器」、そして、養分・水分を丁寧に苗木に与える「技量・

優しさ」というものが、苗木をしっかりと育てるための要素として必要になります。

《苗木の「容器」と「養分・水分」》

まず、育つ苗木（子ども）は、生活背景（家庭の暮らしぶりや親の意識、経済状況など、さまざまな要素があります）や生い立ちなどが一人一人違うのですから、当然それは「地植え」ではありません。地植えは、どの苗木も一律平等な状況で育てるということですが、子どもたちの場合は一人一人、今言ったように状況が違いますから、「苗木はそれぞれ違った容器に入って育っている」ということになります。そして、容器もそれぞれ形や大きさなどが違います。底の深いもの、平たいもの、大きいもの、といろいろ異なっているわけです。

しかし、容器がひび割れていたり、底が抜けたりしていては用をなしません。すなわち、「早寝・早起き・朝ご飯」に代表されるような、子どもたちの生活の基礎になるところがどうなっているかが重要なわけです。子どもたちに基本的な生活習慣が身についていない限り、学習の効率が低くなってしまうということは、これまでのさまざまな調査結果からも明らかです。

効率が低いならまだしも、「効率がない」となればどうにもなりません。寝不足や朝食抜きで学校に来て、授業が始まれば机に伏せて寝ているようでは、「効率がない」ということになるでしょう。このことは、学校・学年、また担任としても、家庭に強く訴えていかなければなりません。学校側がいくら「いい養分・いい水分（しっかりとした取り組み）」を工夫して作って子どもたちに与えても、底が抜けているような容器では養分・水分もすぐに漏れ出て、保つことができないのです。そうすれば当然、いくら与えても苗木には栄養として回らないわけです。

次にその「養分・水分」ですが、これは学校や学年でいろいろと工夫していくことができます。「習熟度別にする」とか、「これは全体で」というふうに、形態を工夫したり、指導方法を考えたり、活動を通したり、といった具合にです。もちろん、授業にとどまらず、放課後学習や家庭学習にどうつなげるかとか、繰り返し学習をどうするか、どの教材を使うか、また読書活動をどう学習につなげるかなど、それこそ単元や領域によっていくらでもアイデアが出てくると思います。そして、そのことによって指導者としての力量、教材を組み立てる力量も大いに高まるはずです。

《養分の与え方が教師の力の見せどころ》

次に、養分や水分を与える「技量・優しさ」です。これは今回の本論になるのですが、教師一人一人の能力や思いが試されるところです。少なくとも、ホースで土がえぐれるような粗雑な与え方をしていては、しっかりと養分が苗木に入っていきません。授業は当然

「丁寧に」すること（子どもへの問いかけの言葉の丁寧さや、教師の授業に臨む姿勢といったことも）が求められますし、子どもの「意欲」を湧き立たせるための工夫が必要です。また、授業の必然性を感じられる導入のあり方を考え、子どもたちが学習して理解したことをお互いにしっかりと表現し合い、共有したものを自分の「引き出し」にしまえるように、中身を十分に意識した授業であってほしいのです。そんな力を教師として身につけていくことが大切であり、単に教師が一方的に情報を与えるだけの授業をしていては、子どもたちの心には残るものは少ないでしょう。

《三つの要素の役割》

「容器」「養分・水分」「技量・優しさ」という三つの要素がつながり合ってはじめて、「大きく育つ苗木」は生き生きと成長していきます。となれば、やはりその中での指導者としての先生方の役割は、当たり前のことながら大変重要になってきます。ですから、上記の三つのそれぞれの中で、次のような役割をしっかりと果たしてほしいのです。

①子どもたちにしっかりした「容器」を作るために

日常の生活に関わることですから、なんといっても保護者への「啓発」、そして学校としての発信が大切です。保護者へ具体的にどんどんとその重要性を訴えていく役割を担ってほしいと思います。

②よい「養分・水分」を作るために

学校全体で、また学年全体で、「チーム」として指導形態や指導方法といったものを十分に練っていく中で、教師一人一人が積極的に方策を考えていくよう、自分の役割を果たしてほしいと思います。

③養分・水分をしっかりと与える「技量・優しさ」について

これは個々の教師一人一人の力量が求められることです。全体をしっかり見据えながら、それぞれの子どもに応じた対応、またその場に応じた丁寧なやり方で当たるという指導をしてほしいと思います。子どもと近しい関係を保とうとして、授業の中で横柄に「ため口」で子どもたちに応対したり話したりするのがいいのではありません。

以上のようなことを具体的に展開していくことが、子どもたちの意欲、知的好奇心を引き出し、それぞれに力をつけていくことになると考えられます。ですから、先生方一人一人が、意欲を持って子ども一人一人をしっかり見定めながら取り組んでいってほしいと願っています。

学校・園を支える少数職種の方々

平成23年11月7日

学校・園は一つの組織体であり、「校長先生（園長先生）」「教頭先生」という「管理職」の皆さん方、そして周りから一般に「先生」と呼ばれる「教諭」「講師」などの方々がおられます。他にも、幼稚園にはおられませんが、小学校・中学校には「養護教諭（保健の先生）」もおられます。それに、松原市では各学校・園に原則一人ずつ「教育支援員」や、各小学校には放課後の「留守家庭児童会室（学童）」の指導員さんもおられますし、幼稚園では保育終了後の「預かり保育」の指導員さんもおられ、この方たちも、子どもたちからはもちろん「先生」と呼ばれています。

しかし、子どもたちの学校・園での生活を支えてくれている方々は他にもたくさんおられます。学校・園には技能員さん、学校には学校事務職の方、それに事務補助員の方、給食配膳のパートさん。また、この方々も先生ですが、栄養教諭や栄養士さんが何校かの小学校にはおられます。それに介助員さん、学校によっては給食介助員さん、また医療的ケア看護師さん。そして小学校には校門に管理員さん。他にも、小学校英会話で曜日を決めて来てくださっている小学校英語指導協力員の方々、小学校・中学校に配置のALT（外国語指導助手）、日本語指導を必要とする子どものための日本語指導協力員。また、スクールカウンセラーや教育アドバイザーと、実に多種多様な方々に学校とつながってもらっているのがわかります。

最近では、学習活動のサポートを中心にした「学生ボランティア」や、「学校図書室」「読み聞かせ」といった仕事に携わってもらっている「地域ボランティア」の方々も年々増えてきました。

それに加えて、施錠員さんや、外にあっては「交通専従員」「見守り隊」の方々をはじめ、地域の団体の皆さん。地域の各団体の皆さんには、中学校区でのフェスタや小学校区での「土曜子ども体験活動」などにも積極的に参加していただき、子どもたちを支援していただいているところです。それに、「学校支援地域本部事業」や「土曜子ども体験活動」での、コーディネーターや安全管理員という方もおられます。

今、挙げただけでも、内外でこんなにもたくさんの方々に学校・園を支えていただき、子どもたちの成長に関わってもらっていることがわかります。もちろん、学校・園によってはこの他にもさまざまな形で関わっていただいている方々もおられるでしょう。そして、こういった方々がおられるということを、広く保護者や地域の方々にも十分に知ってもらう必要があると思います。ぜひ、さまざまな形で知ってもらう手立てを考えてください。

さて、各学校・園では、教職員は「組織」「チーム」の一員としての意識を持って行動することが大事だと言われています。それは、一担任であっても、その言動が学校・園全体を代表する場合があり、学校・園の評価にも直結するからです。だからこそ、組織としてのあり方が問われるということを、教職員の皆さんは常に意識して行動しないといけないと思います。

それとともに、学校・園には先に挙げたような多種多様な方々がおられ、そのうえで成り立っているということを意識して、物事に当たることも大切です。しかし、私たちはつい多数職種（教員など）にだけ目を向けがちです。もちろん、すべての方々が同じではありませんし、職業として「公務員」の枠に入る方々と、その他の方々とではいろいろと違いもあるでしょう。先生方も、子どもたちのことや学校内での「守秘事項」については、どの人たちとも同じように話をすることはなかなか難しいでしょうが、日常的な挨拶をすることや、ちょっとした情報の交換などはできるのではないでしょうか。

少数職種の方々は、学校・園の中に、自分一人しかその職種の人がいないということがあるわけです。そうなると当然、子どもたちとの関わり方も多数職種とは違うし、立場も違ってきます。例えば、学校事務職の方は一人ないしは二人しか学校にはいません（幼稚園には事務職員はいません）。そして、事務の担当者として、教員とは違う視点で子どもたちや子どもたちの家庭背景などを見てくれています。それに私の経験では、この方たちは実によく周りの様子なども見てくれていますので、いい意味で学校の中身をよく知っています。それを他の職員たちに伝えるか伝えないかは、その人個人の意識や、その学校の雰囲気にもよりますが、学校や子どもたちのためになることは、どんどんと提言してもらってもいいのではないかと思います。また、事務補助員の方も、細かな仕事、他の人が気づかないような「隙間仕事」を実にコツコツとやってくれています。

技能員の方もそうです。学校・園の教育環境をよくし、子どもたちが気持ちよく、そして安全に学校・園生活が送れるようにと考えてくれています。特に、創造性の豊かな人は、工夫していろいろなことをしてくれていますので、私は昔から、「校長先生（園長先生）が学校・園の〝表の顔〟だとすると、技能員さんは〝裏の顔〟だ」と思っています。ずっと昔、学校の技能員さんが代わられたとたんに、校内が埃っぽくなったという経験もありました。

また、給食のパートさんも、学校の様子をよく感じとっておられます。もちろん、見聞きしたことを口外するわけではありませんが、私はよくパートさんと話をすることがありました。そんな中で重い口を開いてもらうと、それぞれのクラスの給食指導の様子が実によくわかりました。

他の職種の方々も、それぞれがプライドを持ってやっていただいているのですが、多数職種はそのような方々の仕事を大事に思うことが必要だということです。また、少数職種の方だからこそ、意識してチームの一員としてやってもらいたいとも思っています。

学校・園では、多数職種の先生方は、そのような少数の方に話しかけて親しくなることで、学校の違った面が見えてくるかもしれませんし、それが子どもたちへの指導の面でプラスになるかもしれません。それに、何よりも少数職種の方がチームの中でしっかりと自分の位置を確保して動いてもらえることで、学校組織全体としての動きがよくなってくるのです。

今、教職員たちが考えないといけないこと

平成28年4月11日

社会が目まぐるしく変化している今日、子どもたちを取り巻く環境は大変悪化してきているのは誰の目にも明らかだと思います。そのような時代に、私たち教育に携わる者が学校教育で考えていかなければならないことは、どのようなことでしょうか？

子どもにつけたい力としては、やはり「学力向上」と「心の教育の充実」、それに「確かな規範意識」、そしてその土台となる部分の「基礎的事項の徹底」だと思います。そのためには、授業をはじめ、さまざまな事柄や場面で、子どもたちの「好奇心」「興味関心」を呼び起こす工夫と発想が欠かせません。また、そのようなことを実際に遂行していく教職員、特に今大量に学校現場にいる若手教職員の指導力をはじめとした、指導者としての「資質」の育成も重要だと思います。今回は学校のことを中心に言っていますが、幼稚園も大量に新任が入ったのですから、同じことです。

また、管理職にとっては「学校組織マネジメント」の意識が必要で、学校の内外の資源・

能力をいかに取り入れるかということを考えなければいけません。そのためには、学校経営ビジョンを広く示す必要と、外的環境要因である学校を取り巻く「地域」のよさを学校教育に生かしていくことが求められるでしょう。

そこで、上に挙げた事柄を、それぞれの観点ごとに具体的な取り組みをまとめてみると、次のようになります。

学校組織マネジメント

- 内外の環境要因を客観的に洗い出す
- 校長としての「学校経営ビジョン」をはっきりと示す
- 学校組織のマトリクス型の長所をどう活かしていけばいいのか
- 目標設定を具体的に示し、ＰＤＣＡサイクル（計画・実行・評価・改善を繰り返すこと）をもとに、進捗の状況を「達成基準」として数値化する
- 内部環境の強みと弱みを客観的に自校の特色としてはっきりさせる

授業研究をもとにした子どもたちの学力向上

- 教材研究などをしっかりとしたうえでの日頃の授業
- 指導案を書くことを当たり前にする（週案の検討も含めて）

・授業ごとの「板書計画」をしっかりと立てる
・柔軟な授業の流れのパターンを考えて授業に取り組む
・授業のはじめにしっかりと目標を提示し、子どもたちに「必然性」を持たせる
・「アクティブラーニング（能動的な学び）」の観点から、授業の中での「活動」場面を考える
・授業のまとめとして、課題解決（ふりかえり）をみんなのものにする
・教師の話だけで授業を進めない
・授業の中で、児童生徒の発言をしっかりと受け止める
・授業の中で、特に全体への投げかけは丁寧に（言葉も含め）

子どもたちの心の教育の充実（道徳教育・人権教育）

・子どもの変化に敏感になる
・「一人一人が活きる集団づくり」を大切にした学級経営を
・規範意識を持てる指導を、教職員が手本となって
・具体的なことを通した人権意識の醸成
・道徳の授業での、計画的かつ発達段階に応じた指導
・教師が手本となって、子どもたちの「自尊感情」を高める

・子どものよさを認めることと、「ダメなことはダメ」という徹底した指導

学習規律・基本的生活習慣など、基本的な事項の徹底

・日常的な挨拶の徹底（教師の側から子どもたちに働きかける）
・下駄箱、ロッカーなどの整理整頓の徹底（当たり前のことを当たり前に）
・教職員の「靴履き」の徹底（生徒指導上。災害時に備え）
・時間を守る意識の確立を、まず教師から徹底
・日常の基本的生活習慣を正すために、保護者啓発を積極的に
・日常的な、教師の側からの子どもたちへの声かけ

若手教員の育成

・「チーム学校」で育てていく意識で指導する（校長が先頭になって）
・「チーム学校」の一員としての意識を持つ指導
・教育アドバイザーとの十分な打ち合わせと共通理解
・授業参観など、具体的なことを通しての若手指導
・若手には、次代を見据えて「人間性」を育成する指導もする

「チーム学校」とよく言いますが、教職員一人一人が本当にその意識を持たないことには、言葉だけで終わってしまいます。仮に家を建てるときを考えてみましょう。まずは何といっても確かな建築設計でしょう。次に強固な「土台」、これを築かないと強い家はできません。「土台」とは、子どもたちの基本的生活習慣であり、学習規律の徹底です。その上にしっかりした柱を建てる。「柱」は学力の向上であり、心の教育の充実です。

要するにこれらは「基礎・基本」です。これらを作り上げていくのが建築士であり、大工さん、つまり教職員たちなのです。そう考えると、どの部分が弱くてもダメであり、「チーム〇〇建設（学校）」でしっかりと力を合わせることが必要です。それらのことができたうえで、「壁の色はどうするか」「床の素材は何がいいか」といった、その〝建物（学校）の特色〟が考えていけるのではないでしょうか。

学校組織マネジメント

平成28年5月9日

最近よく「組織マネジメント」という言葉を目や耳にします。これは、企業や自治体が活用している組織経営での手法のことです。企業や自治体の組織は環境変化に対応（顧客や住民ニーズにマッチした商品や施策を提供）してこそ、その存在が有用になります。組織マネジメントは「個人が単独ではできない結果を達成するために、他人の活動を調整する一人ないしはそれ以上の人々の活動」だと定義されています。

それを学校にあてはめると、「学校内外の能力や資源を発掘・活用し、学校に関係、関与する人たちのニーズと適応させながら、学校教育目標を達成していく過程」ということになるでしょうか。

そこで、「学校組織」として組織マネジメントを考えるとすれば、まず、学校経営ビジョンは、自校の教育目標を達成するための中期的なシナリオであり、校長が果たすべき役割だと言えるわけですから、この学校経営ビジョンを実現するためのあらゆる活動が「組織

マネジメント」だということになります。そして、その組織マネジメントの有効性を高めるためには、

・学校の内外の環境状況をきっちりとつかんで、しっかり解釈したビジョンづくりや、内外の環境変化が自校に及ぼす影響をしっかりと意味付ける。

・ビジョンの実現に向けたマネジメントの仕組みづくりと活動を計画化する。そして、「組織構造」「運営の仕組み」「仕事の進め方」を状況に応じて見直せるような活動の計画にする。

・今日のような変化の激しい時代にあっては、自校の置かれた環境状況の把握と解釈をもとにして、年度の活動計画をうまく回す運用の努力をする。

といったことが求められるのではないでしょうか。

さて、学校組織の現状としての特徴を考えてみると、よく言われるのが以下の二つの構造です。

①「なべぶた（フラット型）構造」

企業ではピラミッド型構造が一般的ですが、ピラミッド型は業務の効率的な遂行には適していても、新しい課題や変化に適応したアイデアが出にくいと言われています。逆にフラット型は階層が少なく、権威勾配がゆるやかで、業務・情報の共有化をしやすいのです。

またその分、上司と部下の垂直方向（縦のつながり）のコミュニケーションより、水平方向（横のつながり）のコミュニケーションが活発といった特徴があります。

②「マトリクス（格子状）構造」

企業ではライン・スタッフ構造が一般的で、一人が一つの部署に所属していますが、学校は、校務分掌、学年、教科などいくつかが交差し、格子状（マトリクス構造）になっています。

しかし、学校組織のフラットでマトリクスな構造にも短所があります。それは、短期課題志向に陥りがちなところと、一人の教職員が複数に所属しているので、頻繁な会議による忙しさのためミスが多くなりやすいところです。また、この構造においては「管理職の管理能力によって、結果に差が出る」というのも特徴でしょう。そこで、学校組織としては前述の長所と短所を見極めていく必要があります。

次に、松原市でもそうですが、学校は地域とのつながりを大事にして取り組みを進めていますので、そこで、学校の内外環境の強みを生かした「ＳＷＯＴ分析」というものを活用した特色づくりについて考えてみたいと思います。

「ＳＷＯＴ分析」とは、企業のマーケティング戦略で使われる分析です。学校（企業）を

取り巻く環境を以下のように内部環境と外部環境に区分し、

内部環境　S……強み（Strength）
　　　　　W……弱み（Weakness）
外部環境　O……機会（Opportunity）
　　　　　T……脅威（Threat）

そして、内外の環境要因それぞれについて客観的特徴を洗い出し、その洗い出した特徴や事実を、学校の運営にプラス（支援的）として働くものと、マイナス（阻害的）として働くものとに分けて分析していきます。支援的な部分は、学校の内外の環境のプラス面（自校ならではの強み）として生かし、特色ある学校運営として活用します。このようにして、自校の特色をはっきりとさせて、「学校経営ビジョン」を考えていくわけです。

「学校経営ビジョン」の重要性についてですが、学校における経営ビジョンの「対外的な役割」としては、学校として「自校はどんな教育活動を展開し、どのような子どもたちを育てようとしているのか」を、学校の内外の関係者に説明する責任があり、「経営ビジョン」を示すことによって自校の情報を示し、関係者の方々からの協働や支援を得ることができるのです。それは、「学校経営ビジョン」＝「校長の意思決定」＝「校長の公約」ということになります。

学校経営ビジョンの「内部に対する役割」としては、多様で異なる価値観や方向性を持っている教職員を統合して、総合力の発揮を促進するための求心力（教職員の日常的な判断・行動のよりどころ）→教職員を動きやすくする、というように考えられます。すなわち、「チーム学校」としての統一した考え方です。

次に、PDCAサイクルによる教育活動の展開についてですが、その中でも重要なのがP（プラン・計画）です。目標設定（what to do）は、より具体的にする必要があります。そうすることで、達成度合いの評価が容易になり、検証した際にも反省点や課題が見つかりやすいのです。教育活動には数値的達成基準が馴染まないものもありますが、それらはスケジュールという「もの差し」で、どれだけ予定どおりに進捗したのかを「達成基準」にすることが大切です。

最後になりますが、学校と企業のマネジメントの違いについては、目的としては、企業は顧客ニーズを満足させて利潤確保に努めるのに対して、学校は教育達成、よい学校づくり、充実した教育（活動の効果性）ということになるでしょう。だからこそ、学校ならではの組織マネジメントを実践していかなければならないと思います。

第七章

〝食べること〟を通して子どもたちを育てる

「食物アレルギー」の話

平成22年4月27日

子どもたちは、体の成長ということから言っても、好き嫌いなく何でも食べるのがいいのですが、最近は給食指導において、必ずしもそう指導しきれない場合が増えてきました。好き嫌いがあって食べないのではなく、ある食品（複数ある場合もあります）を食べることによってじんましんなどのアレルギー症状が出たり、中にはショック状態、いわゆる「アナフィラキシー」という症状を引き起こすことがある子どもも増えてきたからです。どこの学校でもそのような子どもが増えてきたことは、皆さん方もよくご存じでしょう。

昔からよく食物アレルギーで問題視されてきたのは「そば（蕎麦）アレルギー」ですが、最近ではそれ以外にも数多くのアレルギー原因物質（アレルゲン）が報告されています。中でも「三大アレルゲン」と言われるのが「卵」「牛乳」「小麦」の三品目です。その他にもいろいろあり、現在よく言われているアレルゲンは以下のようなものです。

卵　乳製品　小麦　そば　落花生　大豆　えび　いくら　かに　いか　さば　さけ

あわび　鶏肉　豚肉　牛肉　キウイ　バナナ　もも　りんご　オレンジ
ゼラチン　やまいも　くるみ　まつたけ

二十五品目ありますが、もちろんそれ以外にもあるでしょうし、個々の子どもがどの食品に反応するのかもまちまちです。それに、反応もその度合は個々の子どもによって違いますし、その子の成長過程、その日の体調によってもずいぶん違うと思います。少し体に反応（発疹が出たり皮膚が赤くなったりするなど）が出るだけの場合もありますし、きつくなればアナフィラキシーショックを起こして呼吸困難になってしまい、最悪の場合は死に至ることもあります。三月はじめの新聞記事にも、そのような場合に一時的に症状を緩和させるための「自己注射薬（エピペン）」について書かれていました。

アナフィラキシーショックのような強い反応が出る子どもの場合は保護者も心配ですから、病院で一つ一つのアレルゲンを検査して、「これは少しなら大丈夫になってきた」「これはまだダメです」というように、定期的に反応を確かめている場合もあるほどです。

例えば給食のメニューに「エビ団子のスープ」があった場合、給食をよそうときにエビ団子を入れなければ大丈夫な子もいれば、作る段階でエビ団子そのものを入れないようにしないとダメな子もいます。いわゆる「除去食」にするということです。また、もっと重症な場合は、そのスープの中の醤油の原料の大豆がダメであったり、醤油にわずかに含まれている小麦成分に反応してしまう子どももいます。現在の給食システムでは除去食を作ることが難しい状況のため、この場合はエビ団子をお椀に入れなければ食べられるという子ども以外は、残念ながら「エビ団子のスープ」は食べられないということになります。

このように一口に「食物アレルギー」といっても種々様々ですから、お家の方は大変で、その苦労・心配は計り知れないものがあると思います。また、アナフィラキシーショックになる可能性のある子どもの保護者は、いざというときのために学校にエピペンを預けたいということもあるでしょう。最近は法的に、本人や家族・保護者でなくても、緊急時には教職員もエピペンを使用することが認められていますので、学校現場でもそのような対象者がいる場合には、適正に対応できるようにエピペンの使用方法の研修も必要になってきています。


教育委員会でも学校給食課が中心になって、少しでも多くの子どもたちが安心・安全に給食を食べられるように工夫をしています。例えば、小麦アレルギーに対応できるように、ちくわ・蒲鉾などの加工品の原材料から小麦を抜いてもらったり、シチュー・天ぷらの小麦粉を米粉に替えたり、大豆だけで作った醤油を使うなどの工夫をしてみたり、といったことなどもやっていますし、乳製品に反応する子どものために、牛乳の飲用代替品として「調整豆乳」の提供もしています。

しかし、とにかく子どもたちのアレルギーは種々様々で多岐にわたっており、正直なところ、すべてに対応することはできないのが現状です。ですから、給食を食べられない子どもには、お家の方は本当に大変なのですが、お弁当を持参してもらっている学校もあります。また、みんなに配る「献立表」とは別に、「原料配合表」も見てもらい、食べられない食品がある場合には別のものを持ってきてもらったりもしています。食物アレルギーのある子どもも、本当はみんなと同じものを食べたいと思っているでしょうが、食べると大変なことになりかねませんので、保護者はきっとそのことを子どもに言い聞かせておられるでしょう。

各学校では、食物アレルギーがある子どものことを、普段から他の子どもたちにわかりやすく説明してもらっていると思うのですが、なんといっても子どものことですから、折に触れて言わないと、周りの子どもたちはつい、「あっ、いいなあ。学校に好きな食べ物を持ってこれて」という感覚になりがちです。そうではなくて、「一緒のものを食べたいと思っても、食べられないのは大変だなぁ。でも、〇〇さんはこうして頑張っているんだなあ」という思いになればいいですね。このことは「給食のときの個人的なアレルギーのこと」とだけ考えないで、「食育（食に関する指導）」全体の中で生かせればいいと思いますし、「個々の違い」をどう受け止めるかという「他者への思い」を豊かにする人権意識の芽生え・深まりとしても捉えていく必要があると思います。まさに、「豊かな人間性」の育成につながっていくものでしょう。

「朝ご飯」の大切さ

平成23年2月10日

何年か前から、全国的に「早寝・早起き・朝ご飯」の運動が起こってきています。この背景には、以前に比べて子どもたちに生活習慣がしっかりとついておらず、朝、学校に来てもダラーッとしていて、勉強にも身が入らないでいるのが目立つということや、朝食を食べずに学校に来る子どもが徐々に増えてきているという実態が問題視されてきていることなどがあるのでしょう。

確かに、最近は昔に比べて、どこの学校でも朝食を食べずに来る子どもが増えてきているのは事実のようです。皆さん方の学校・クラスではどうでしょうか？　学校ぐるみの取り組みで、逆に朝ご飯を食べてくる子が増えてきているところもあるかもしれません。また、就学前の子どもたちはどうでしょうか？　お家の方が送ってこられるのですから、幼稚園の子どもたちは小学校・中学校に比べて、朝食を食べてくる率は高そうに思えます。

小学校で子どもたちに訊いてみると、中には大人のようにコーヒーだけを、それもブラックでサッと飲んでくるだけの子もいるようです（大人でもあまりよくないことでしょうが)。

以前、学校で校医さんとの懇談会のときに、「朝食は、食べることも大事だけれど、何を食べるかも大事なこと」と言われて、確かにそうだなと思いました。「朝食には、みそ汁とご飯があって……」とは言わないまでも、それに近いような十分に栄養がとれる食事をしてきてほしいと思います。

もちろん、朝食を食べてくるためには、それなりの時間と手間が必要です。当然、そうするには早く起きなければなりません。その意味で「早寝・早起き」とも大いに関連してきます。ですから、朝食を食べることも、一日の流れの中で生活習慣として位置付けることが大切になってくるのです。

朝食を食べてこない理由としては、「食べたくない」とか「食べる時間がない」ということがその主なものでしょうが、もしかすると「朝食が準備されていない」ということもあるのではないかと思います。それは、親が子どもに朝食を食べさせないということではなく、いろいろ理由はあるでしょうが親が朝食の準備をしてくれなかったり、親自身が若い頃から朝食を食べる習慣がないために、子どもも別に朝食を食べなくてもいいと思っているということもあるのではないでしょうか。

でも、育ち盛りの子どもには、やはり朝食を食べることが必要です。それに最近は、夕食よりもむしろ朝食で栄養を十分にとるのがいいと言われています。そのことを、学校側はあらゆる機会を通して親に伝えていかなければならないと思います。「朝食の大切さ」は、以下に述べることからわかるでしょう。

人間の脳の間脳《かんのう》の一部に「視床下部《ししょうかぶ》」というところがあって、そこは体温調節や睡眠、生殖、物質代謝、代謝（食欲）などをつかさどるもので、およそ二十四時間の周期で、ホルモンを分泌したり、代謝酵素を増やしたり減らしたりしているのだそうです。普通はもう午前四時頃から脳は目覚めて、活動し始めるといいます。たとえ本人がまだ眠っていたとしてもです。ですから、体はもちろんそうなのですが、それよりも早く脳は食事による栄養補給を待っているということであり、朝食は他の時間の食事と違って、特に大切な栄養補給になるわけです。もともと脳は他の臓器に比べてたくさんのエネルギー（ブドウ糖）を必要としますが、このように睡眠中にも消費しているので、夕食などで蓄えたグリコーゲン（糖の一種）も、朝目覚めたときにはほとんどない状態だということです。そんな中で、朝食を食べないでいるとどうなるでしょうか？

睡眠不足・朝食抜きで学校に来れば、午前中はまず頭が働かないでしょうから、いくら先生方がしっかりと指導案を立てて、準備万端で授業に臨んでも、その子たちの頭の中にはなかなか入っていかないのが実情でしょう。第一、朝食を食べなければ、仮に前の晩の七時に夕食を食べたとしたら、学校で給食（昼食）を食べるまでにおよそ十七時間も食事をしないということになるわけですから、「脳」からすれば本当に大変なことです。そう考えれば、自ずと「朝食の大切さ」が理解できるでしょう。

近年、世間では「子どもの学力が低下してきている」とずいぶん懸念されており、学校に対する風当たりも強いものがあります。そのような親の不安を払拭するためにも、学校では基礎・基本をしっかりと子どもたちに身につけさせ、そして学力向上を図るために学校全体で、いや市全体で具体的に取り組みを進めていかなくてはなりません。要するに、学校では子どもたちの学力を上げるためにいろいろと工夫して、学力向上のための高品質の「溶液」を作ってもらわないといけないわけです。そして家庭では、それを受ける頑丈な「受け皿」を作ってもらわないといけません。いい溶液もすぐに漏れてしまうような受け皿ではどうにもなりません。これがしっかりとかみ合うことが、「家庭の協力」であり、「学校と家庭の連携」であると思います。

「学校で何ができて、家庭では何ができるか」という命題をはっきりとさせないといけません。ただ単に「家庭力」とか「家庭の協力」とか「学校と家庭とが連携して」とか言葉で格好よく言っても、具体性がないとそれは実を結ばないのです。

今回挙げた「子どもたちに朝食を食べさせる」ということは、家庭で子どもを育てるうえで大事なことですし、学校に対しての「家庭の協力」の一つなのです。このような具体的なことから始めていかないと前には進みません。大きなことを言っても、小さな一歩を踏み出さないと前には進まないのです。

「家庭に協力しろって、何を協力したらいいねん？」

と親から問われたら、

「学力をつけていくことは、学校でしっかりとやっていきますから、家庭ではまずは、きっちりと子どもに朝ご飯を食べさせてもらって、基本的な生活習慣を身につけさせるようにしてください」

と胸を張って言うようにしたらいいですね。もちろん、家庭ごとにいろいろな事情もあるでしょうが、子どもの成長のためには、保護者にも頑張ってもらわないといけません。

「たかが朝食、されど朝食」です。朝食によって子どもたちの午前中の学習に対する意欲が左右されるとしたら、これはやはり〝たかが〟ではなく、〝されど〟以上のものということになりますね。

「食育」は学校と家庭で責任を分担するもの

平成24年11月2日

今は「飽食の時代」と言われています。高齢者の方々の中には「昔は何でも食べたものだ。戦中や戦後すぐの頃は、イモの蔓もよく食べた」と言われる方もおられます。私は昭和二十四年の戦後の混乱期の生まれで、そういった戦後の食糧難の思い出はあまりありませんが、確かに、ご飯に麦が混ざっていたとか、お粥に米があまり入っていなくてサラサラしていて、その分、メリケン粉（小麦粉）の団子が入っていた、というようなことは記憶に残っています。

でも、小さい頃に嫌なものでも無理やり食べさせられたという記憶はないのです。今考えると、それがよくなかったように思います。ですから、情けないことに、私はびっくりするくらい食べ物の好き嫌いが多いのです。学生時代は実家から出て暮らしていたので、できるだけ好き嫌いなく食べようとしましたし、嫌いなものも少しずつ食べられるようにはなりましたが、「鶏肉」と、ぬるっとした「イモ類（サトイモ・長芋など）」は苦手なままでした。私の鶏肉嫌いを知った人からは、「から揚げって美味しいのに、なんであんなうまいもんを……?」と言われます。何も美味しくないなんて思ってはいないのです。人が食べている様子を見ると、美味しいだろうなとは思います。ただ、嫌いなだけなのです。と言っても、それは単にわがままにしか過ぎないのですが……。

これではいけない、と思い始めたのは、教員になって「給食」と出合ってからです。子どもたちには、給食でできるだけ好き嫌いなく食べさせたい、といろいろと考えました。自分自身が好き嫌いが多いからといって、子どもたちに「嫌いなら食べなくていいよ」と言ったり、給食を残しても放っておくというのでは、教育として成り立ちません。だって、逆上がりができない教師は逆上がりを教えなくていい、なんてことはないのですから。むしろ、なぜできないのかをしっかりと考えて指導がうまくいくことだってあります。

私は根っからの松原育ちですから、小さい頃に給食の経験はありません。毎日弁当でしたが、私は四時間目が終わるとすぐに、学校の前にあるパン屋さんに走っていきました。昼食は毎日、パンです。と言っても、それほどまでにパンが好きだったわけではありません。ご飯が嫌いなのでもありません。実は中学校に入るまで、箸を「握り箸」でしか持てなかったのです。それが恥ずかしくて、みんなの前ではお箸を使うことができませんでした。要するに「マナー」がしっかりできていなかったということです。

食育関係の本を読んでいますと、よく「子どもに好き嫌いをさせる親は、マナーも教えられない」といったようなことが書かれています。まさにそうだな、と思います。食物アレルギーがあれば別ですが、そうでなければ、まずは小さいときから家庭でしっかりといろいろな食材や食べ物に子どもを出合わせることと、最低限のマナーをしつけることが必要だと思います。忙しいからといって、つい「ファミリーレストラン」や「コンビニエンスストア」の味を覚えさせるようなことをしてしまうと、子どもは家庭の味を喜ばなくなります。

九州大学の助教で食育研究家の佐藤剛史先生は、「一歳未満児は手作りのおやつをよく食べるのに、一歳以上児になると嫌いになる子が多い。この理由は簡単です。家でスナック菓子を食べ始めるからです。化学調味料の刺激的な味に舌が慣れると、味の薄いものが嫌になる」と言っておられます。加えて、最近の子どもの食に関する傾向を以下のように挙げておられます。

- 濃い味付けのものを好む
- コンビニ弁当、ほかほか弁当の味をおいしいと思って食べている
- 白いご飯を嫌がる（味がついたご飯を好む）
- パンにジャムやバターをつけないと食べられない
- 甘いお菓子より、塩味のお菓子の方が人気がある
- 手作りのおやつはあまり好まない

これを見ると、確かにそうかもしれません。もちろん学校・園での食育は欠かせないものですが、やはり小さいうちからの家庭での「食育」は非常に大事なものだということがわかります。

これも佐藤先生の言われていることですが、「ヤクルト」が首都圏の小学四〜六年生の四百名を対象に「子どもの食生活と排便に関する調査」を実施して、二十年前に行った同じ調査と比較したそうです。すると、最近の調査では、食べ物の好き嫌いがある子どもは七〇・三％に達し、二十年前の調査の四五・〇％を大幅に上回ったというのです。そして最近の顕著な傾向としては、

- 好き嫌いが激しい
- 嫌いなものを飲み込めない
- 昔ながらの和食を食べない
- 食べ残しが多い
- 食べ残すことが当たり前
- 嫌いな食べ物をわざと床に落とす。落としたら食べなくていいと思っている
- 食べたことがないものが多い。給食のメニューの中で「これ、お家では食べない」という声が多い

などということを挙げておられます。

松原市は今年から中学校給食が始まりましたので、これからの松原の子どもたちは、少なくても九年間は給食を食べて育つことになります。だからこそ、これを機会に各家庭でしっかりと「食育」を考えていただけたらと思うのです。

一年三百六十五日、一日に三度の食事があるのですから、一年で約千百食。そのうち百八十食ほどは、学校で給食指導を通して食の大事さ、食事を残さないで食べるという「食育」をしっかり指導してほしいのですが、残りの約九百食の食事、これは家庭で責任を持っていただくようにしないといけないと思います。それが学校・家庭の、子どもへのお互いの責任だと思うのです。

学校としては子どもたちが小学校低学年のうちから、家庭に向けてきっちりと、以上のようなことを啓発していく必要があります。好き嫌いの多い私が言うのもなんですが、家庭では、「給食はあなたたちのことを考えて作ってくれてるんやから、嫌いなものが出てもしっかり食べといでや」くらいは、保護者の方々も子どもに言っていただくように、学校として訴えてもらいたいです。

給食のあと片づけで見えること

平成25年9月24日

以前、給食のパートの方に訊くと、その学校の各クラスの給食の片づけ具合がよくわかるというようなことを書きました（二九五頁「学校・園を支える少数職種の方々」参照）。今までは学校給食課も、学級ごとにそこまで踏み込んで調べてはいなかったところもありますが、近頃はクラスや学校によって給食の片づけ方に差があり過ぎることもあってか、それも調べるようになってきました。

中学校は民間会社に返すので、そこまではわかりにくいでしょうが、小学校の場合はかなりはっきりと出ているようです。あと片づけができていないとは、簡単に言えば、食缶の中にお玉を突っ込んだまま返却したり、スプーンの向きを同じ方向にそろえて返していなかったり、飲んでいない牛乳ビンのビニールカバーをはずしてケースに入れられていない、といったようなことです。要するに、しっかりと後始末ができていないのです。

片づけをきちんとするのは当たり前のことなのですが、できていないクラスがあるというのですから不思議です。子どもたちは給食のあと、外で遊びたいという気持ちもあってあわただしく片づけをするので、ついそうなるのでしょうが、学年のはじめのときからクラスの約束として、給食を食べたあとに片づけるときの約束事をしっかりと決めてやるようにしておけば、さほど難しいことではありません。

給食の準備やあと片づけを見ていてわかることは、そのクラスの「健康度」と、クラス内の「力関係」でしょう。まず、準備のときに給食を配膳室から運んでくるのに、体の大きな子が小さい食缶などの軽いものを、それも二人で持ってきているようでは、そのクラスは集団として決して健康な状態ではありません。そして、そのあとから女子や小柄な子が一人で牛乳ビンのケースやスープなどの重い食缶をふらつきながら運んできているのなら、そこには力関係がはっきりと出ているのですから、そのクラスの先生はもっとそのような様子をしっかりと見ないといけません。

あと片づけのときも同じです。牛乳ビンのケースや食器入れのケースは食後も重いのです。それを、小さな食缶をいかにも力がありそうな子がさっさと持っていって、そのうしろから小柄な男子や女子が、引きずるようにして重いものを運んでいるのは、そのクラスの不健康さを象徴しています。

そんな場面で、担任の先生はどうされているのでしょうか？「そのあたりは子どもたちに任せていますから……」などと言って、自分はちょっとの時間を惜しんで他のこと、例えばノートの丸つけをしたり、他の子どもを呼んで注意をしたりする時間にあてているのは、見た目にはいかにも効率よく仕事をこなしているようではありますが、子どもたちは担任の見えないところで、その力関係を武器に好きなことをしてしまっていることがあります。それを見過ごしてしまうと、それこそ知らない間に、クラスがあらぬ方向に進んでしまうかもしれません。

このような、「給食の準備や片づけの様子一つで、そのクラスがわかる」ということにも気づいていない担任の先生も、ひょっとしたらおられるかもしれません。そのような先生は、片づけるときに食缶の中にお玉が残っていても、スプーンがグチャグチャに突っ込まれていても、それこそ「あまり大した問題ではない」としか思っていないでしょうから、給食の準備や片づけの大事さをわかってもらえないかもしれません。またそういった先生であれば、給食を食べるときにも、子どもたちがわいわい騒いでいたり、ただ黙々と口に運んで食べていたりするだけかもしれません。どのようにしたら子どもたちが楽しく、美味しく給食を食べられるか、といったことは二の次、三の次で、とにかく速く食べさせることだけを考えているのかもしれません。

もしそのような先生がいたなら、給食の準備・片づけの時間に効率よく仕事しようとばかり考えないで、一度ゆっくりと「食育」としての給食指導、そして「学級集団づくり」

としての給食指導を見つめ直してほしいと思います。そうすればきっと、子どもたちも給食は単に食べるだけのものではなく、給食指導から大切なことに気づいてくれると思うのです。そうしたことに気づけば、子どもたちはゆったりした気分で楽しく給食の時間を過ごすことができるようになると思います。

改めて「給食指導」を考える

平成27年6月22日

本市でも、この六月から、中学校の給食も小学校同様に「食缶」方式になりました。小学校では当たり前のことですが、平成二十四年度から弁当方式で行ってきた中学校からすると、少し戸惑いもあるかもしれません。

でも、子どもたちにとっては何も戸惑うようなことはないはずです。特に中学一年生はつい二ヶ月ほど前までは小学校でこの方式でやっていたのですから、元に戻ったというだけのことです。

とは言っても、生徒たちみんながしっかりと給食の大事さや、当番でどのようにすれば合理的で協力し合いながらできるのかをわかっているわけでもないでしょう。それこそ、小学校でのクラスの先生の給食指導がどのあたりまで子どもたちに浸透していたかによってずいぶん違うだろうと思うのですが、どうでしょう？

一方、指導する側の中学校の先生は、食缶方式は未経験で戸惑いがあったかもしれません。給食の始まりの日に私が見に行って、一緒に食べたのは一年生でした。四時間目が終わって給食の準備を始めるとき、先生が子どもたちに手順を話していると、少しざわざわしていたので、「大丈夫かな?」という思いもあったのですが、さすがは一年生。結構手際よく食缶や食器を運んできていました。担任の先生も一生懸命という感じでした。私の近くにいた女子に、

「弁当方式のときは、いつもどうしてたの?　もらうのに順番に並ぶの?」

と訊くと、「はい」と答えたので、

「それはだらだら列ができるから、給食だと特に時間がかかるよね。班ごとに誰かがまとめて何回かもらいに行けば、他の子は机の前に座ってられるよ」

と説明しました。その子はしっかりした子だったようで、すぐにそうするように何人かに指示していました。そのクラスの準備は十分ほどでできたようです。

また、このクラスも机をつけて班で食べていましたが、途中で先生がご飯の食缶を抱えて各班を回り、もっと欲しい子に入れてあげていました。こんなひと手間が、子どもにとっては大事なことだと思います。

子どもたちとは私も一緒になって部活のことなど話しながら食べていましたが、食べ終わる少し前にその班の子（五人）にこんなアドバイスをしました。

「一人一人が別々に食器を返しに行ったら時間がかかるよ。一人ずつまとめて持っていくもん、決めよ。——君はご飯のお椀をまとめて。あなたはお皿な。君はお盆や。それに、

君はおかずのお椀。ああ、あなたはゴミをまとめてくれるか？」

そして、こう付け加えました。

「でも、これをしようと思えば、全部食べなあかんで」

女子はどうしても食べ終わりが遅くなりますが、最後の方は少々ピッチを上げて食べていたようです。そうするとめいめいが、こちらが言ったように食器をまとめてくれました。こんなちょっとした工夫でスムーズに片づけができるのです。ひょっとしたらその子らの中にも、小学校でそんなふうにしていた子がいたかもしれません。

給食が終わったあと、子どもたちに「今日の給食はどうやった？」と尋ねてみると、「なんか、いつもより美味しかった」という答が返ってきました。私はそれを聞いて心の中でほくそ笑んでいました。

ちょっとしたこと、例えば形を変える、出し方を工夫する、また牛乳もビンからパックにしたこともそうですが、そうすることによって、よい効果が出れば何よりです。こんなふうに、給食関係者は日々、子どもたちによりよい給食を提供したいと考えてくれていますし、膨大な市のお金も使われているのですが、給食指導をする側の先生方は毎日の給食をどのように感じてくれているでしょうか？

さて、このような給食ですが、子どもたちにどのような影響・効果をもたらしているのでしょう？　給食は、私がよく言っていますように「給食指導」なのです。決して、勝手に食べさせればいいわけではありません。必ず指導をしているはずです。

その指導をいくつか挙げてみますと、まずは中身の指導（食育）です。これはもちろん給食のときだけに限らず、家庭科や生活科などの教科ともつなげて指導をしてもらっていると思います。次にマナーに関する指導ですが、例えば食べるときにむやみに立ち歩かない、大声を出したりしない、また準備・片づけを手際よくしっかりとする、そのようなことがあると思います。

そして大変重要なのが「集団づくり」です。その例としてよく言われるのが、「女子がおかわりに行きたいときに、周りの目を気にしないで行ける雰囲気が作られているか」ということです。おかわりに行くことを茶化したりするようでは、クラスとして他者を思いやる意識ができていないということです。また前述もしましたが、食缶などを運ぶ際に、力の強い子が軽いものを運ぶ風潮のあるクラスはどうでしょうか？　一番小さな食缶を大きな子が持って、大きくて重い食缶をいかにも力のなさそうな子がおたおたしながら運んでいる姿はどうでしょう？　これも、他者を思いやる気持ちが薄いということになります。

このようなことは今さら言う必要もないことなのかもしれませんが、念のために挙げてみました。日々指導はしてもらっていても、子どものことです、ついつい楽な方に走る場合もあるでしょう。以上のような例をクラスの集団づくりの材料にして、よりよい方向にしていくということも大切だと思います。

いろいろと書きましたが、給食というものは「マナーを守って楽しく食べる」ことが何よりです。そのためには、指導する側の教師の役割は大変なものがあるでしょう。はじめに給食の意義を子どもたちにわかるように指導しておかなくてはいけないし、スムーズに行くようにルールも決めておく必要もあるし……。でも、私としては、先生が子どもと一緒に給食準備をすることも大事だし、一緒に会話をしながら食べることも大事だと思っています。少なくとも私自身はクラス担任としてそうしてきました。もちろん忙しい中でですが、教師自身がまずは給食の意義を十分に理解し、子どもたちと一緒に給食を「楽しめる」くらいになってほしいものです。

おわりに

私は昭和四十八年、大学を出てすぐに大阪市に隣接する松原市という十二万余りの市で教師生活をスタートさせました。それから四十四年余り教育というフィールドで過ごしてきました。初めの十八年間は小学校の現場で子どもたちと直接向き合う日々でした。時として子どもたちを成長させたいという思いが強く、無理を強いたこともありました。それで伸びてくれた子もいましたが、嫌な思いをした子もいたことでしょう。

ところで、今、教師として、どこかの時代《とき》に戻れるとしたら、やはり教師生活のスタートを切ったときに戻ってみたい。そうすればもっといい指導ができるのではないか、もっと子どもに寄り添えるのではないかと思うのです。それと、自分自身が教師としてもっと成長することができるのではないかという思いもあります。幸いにもこれまで成長してくることができたとすれば、それは間違いなく「子どもに学びながら」だったと思います。まさに子どもに育てられたと言えます。

私を含め、どんな教師もはじめから出来上がった素晴らしい教師なんていないと思います。もちろん日々成長してはいくでしょうが、それは「成長したい」という本人の気持ちがあってのことです。例えば「スタンプカード」を持っていたら、成長するに従ってスタンプを押してもらえますが、持っていない限りは押してもらえないといったところでしょうか。要するに伸びようという気持ちがあるかないかなのです。

よく「最近の若い教師は質《しつ》が悪くなった」と言われますが、本当にそうでしょうか？　たとえがよくないかもしれませんが、昔、社会科の漁業・水産業の学習で「これからは獲る漁業から育てる漁業へ」というものがありましたが、教師にも私はその意識が必要だと思います。教師もはじめは誰しも未熟なのですから「育つ」ことを考えないといけません。では、育てるのは誰なのでしょう。直接的には管理職や指導教員と言われる先輩や同僚の教師でしょうが、それだけではありません。大事なのは教師にも「子どもとともに育つ」という意識が必要だと考えることです。子どもというのは教えて育てるものとしか考えていない人が多いでしょうが、それとともに周りをも成長させてくれる大切な存在なのです。子どもは日々成長をしていきますが、そのことで教師も成長するということです。


教師の成長の話をしてきましたが、これは教師だけに限ったものではなく、「大人」と言い換えてもいいかもしれません。「親」「地域の人」みんなそうです。

特に親は子どもにとってはかけがえのない存在なのですが、親という権威だけに胡坐をかいていると子どもにとってマイナスになってしまいかねません。変な言い方をしますが、親は子どもが生まれたときから「親」になり、それまで「親業」の勉強をしてきたわけではありません。急に親になるわけですから、うれしさとともに戸惑いもあるはずです。しかし、子どものために親としてやっていかなければなりません。やはりそれなりに成長していかないといけないのです。これも子どもの成長を通してやっていけることです。それもしないで親風をふかしていると、子どもを軽くあしらったり、果ては虐待をしたりということにもなります。

子どもを第一に考える「子どもファースト」の意識が何よりも大事で教師とも同じです。

最後になりますが、本書の中身は以上のようなことを踏まえて、私が教育長としての七年余りの間に教師だけではなくすべての親に読んでもらいたいという思いで、ごく当たり前のことを書いて、読んでもらっていたものです。

著者プロフィール

高阪 俊造（たかさか しゅんぞう）

昭和48年 3月　岡山大学教育学部卒業
昭和48年 4月　松原市立松原西小学校教諭
昭和55年 4月　松原市立三宅小学校教諭
平成 3年 4月　松原市教育委員会事務局指導主事
平成 8年 4月　松原市立松原東小学校教頭
平成12年 4月　松原市立天美南小学校教頭
平成13年 4月　松原市立恵我南小学校校長
平成16年 4月　松原市立三宅小学校校長
平成18年 4月　松原市教育委員会事務局学校教育部長
平成20年 4月　松原市立松原東小学校校長
平成21年 9月　松原市教育委員会教育長
平成28年12月　松原市教育委員会教育長退任

子どもファースト　未来に生きる子どもとともに大人も伸びよう

2020年６月15日　初版第１刷発行

著　者　高阪 俊造
発行者　瓜谷 綱延
発行所　株式会社文芸社
〒160-0022　東京都新宿区新宿１−10−１
電話　03-5369-3060（代表）
03-5369-2299（販売）

印刷所　株式会社フクイン

ISBN978-4-286-21618-8